特色学校聚焦丛书　**丛书主编　杨四耕**

倾听生命的天籁

"天籁教育"的实践与探索

李　斌◎著

华东师范大学出版社
·上海·

图书在版编目(CIP)数据

倾听生命的天籁："天籁教育"的实践与探索/李斌著. —
上海：华东师范大学出版社，2021
（特色学校聚焦丛书）
ISBN 978 - 7 - 5760 - 1433 - 4

Ⅰ.①倾…　Ⅱ.①李…　Ⅲ.①小学－校园文化－建设－
福清　Ⅳ.①G627

中国版本图书馆 CIP 数据核字(2021)第 078366 号

特色学校聚焦丛书

倾听生命的天籁："天籁教育"的实践与探索

丛书主编　杨四耕
著　　者　李　斌
责任编辑　刘　佳
项目编辑　林青荻
特约审读　王叶梅
责任校对　张　筝　时东明
装帧设计　卢晓红

出版发行　华东师范大学出版社
社　　址　上海市中山北路 3663 号　邮编 200062
网　　址　www.ecnupress.com.cn
电　　话　021 - 60821666　行政传真 021 - 62572105
客服电话　021 - 62865537　门市(邮购)电话 021 - 62869887
地　　址　上海市中山北路 3663 号华东师范大学校内先锋路口
网　　店　http://hdsdcbs.tmall.com

印 刷 者　上海景条印刷有限公司
开　　本　787×1092　16 开
印　　张　12
字　　数　122 千字
版　　次　2021 年 9 月第 1 版
印　　次　2021 年 9 月第 1 次
书　　号　ISBN 978 - 7 - 5760 - 1433 - 4
定　　价　38.00 元

出 版 人　王　焰

好学校的性格色彩

这些年,我与中小学、幼儿园有许多"亲密接触"。从这些学校中,我发现了一个"秘密":好学校总有自己的性格色彩,总有自己的精神属性。

好学校有丰富的颜色

好学校一年四季都有风景。春天,你走进它,有各色花儿,红的像火,粉的像霞,白的像雪。夏天,你置身其中,绿草茵茵,就算骄阳似火,也有阴凉。孩子们可以踢球、打滚,可以任性。秋天,你老远就可以看到,枫叶红了,橘子黄了,婀娜多姿;冬天,你靠近它,香樟绿环绕着你,垂柳枝笼罩着你,你不会觉得单调。当然,环境的价值不在于"装扮",而在于让心灵沉静,让生命多彩。它是生命哲学的演化,是内心深处的讴歌与赞美。法国思想家卢梭说教育的核心是"归于自然"——回归"自然状态",回归人之原始倾向。善良总存在于纯洁的自然之中。好学校总是拥有自然的纯净与原始美,它努力让孩子们与美好相遇。静谧,美好——好学校是温润的。

好学校有足够的成色

成色是衡量一所学校教育境界的一个指标,是一所学校的"育人"含金量。如果一所学校的含金量定位为考试成绩,它的成色就是混浊的;如果一所学校的含金量定位为立德树人，它的成色就是清纯的。黎巴嫩诗人纪伯伦说过："我们已经走得太远，以至于忘记了为什么而出发。"教育是为着我们不曾拥有的过去，为着我们不曾经历的当下，为着我们不曾想到的未来。教育之原点在激发想象，而不仅仅是学习知识；教育之原点在发展理性，而不仅仅是讲授道理；教育之原点在鼓励崇高，而不仅仅是理解规范；教育之原点在丰富经历，而不仅仅是掌握技艺；教育之原点在温暖心灵，而不仅仅是强化记忆；教育之原点在强健身心，而不仅仅是发展智能；教育之原点在点亮人生，而不仅仅是预知未来。回归原点，是好学校的立场。不功利——好学校是纯粹的。

好学校有优雅的行色

优雅是让人向往的，有来源于生命本身的气质。每一个人都行色匆匆，孩子们被课业压得喘不过气来，教师被成绩比较而形成优劣阵营，这样的学校就不会是一所好学校。什么是好学校？孩子们表情舒展，教师们精神敞亮——每到一所学校，我总喜欢以这样的眼光去观察师生的生命状态。我发现，在好学校，孩子们的脸总是明晃晃的，有美好期待；教师的行色总是从容优雅，有专业自信。女孩子沁人心脾，男孩子风度翩翩，生命在人性层面焕发出动人光彩。一句话，每一个生命都自然而然地生长，这里有一种难以言说的气息在校园里弥漫开来、传播出去。面对此，我只能说：好学校是舒展的。

好学校有鲜明的特色

办学特色是一所学校整体呈现出来的系统性特征，集中表现在基于学校文化的课程体系。学校办得好不好，不在于规模有多大，而在于特色是否鲜明，是否有足以体现自己文化的课程架构。好学校行走在有逻辑的课程变革之路上，努力让学校课程富有倾听感，关注学生的学习需求；拥有逻辑感，建构严密的而非拼盘的课程体系；嵌入统整感，更多地以整合的方式实施而非简单地做加减法；饱含见识感，以丰富学生的学习经历为取向；提升质地感，课程建设触及课堂教学变革，课堂教学呈现出新的文化样态。一句话,好学校课程目标凸显内在生长,课程内容突出学习需求,课程结构强调系统思维,课程实施张扬生命活性,课程评价与管理彰显主体向度。好学校关注学习方式的多变性和场景性、学习时间的灵活性和可支配性、学习空间的多元性与舒适性、学习资源的丰富性和易得性,让所有的时空都成为课程场景,让孩子们学习作品的形成、展示、发布、分享成为校园里最美的景观,让时空展现出生命成长的气息和灵动。是啊,好学校有生命里最美好的记忆。

好学校有厚重的底色

厚重的底色不在于办学时间长短,而在于拥有强烈的文化自信。进入学校,我喜欢看墙上的"文字"。多年经验告诉我,文化不在墙上,很多时候,墙上的文字越多,学校的文化含量越低。道理很简单,大量文字堆放在墙上,说明这种文化还没有被老师们普遍认同,更谈不上内化于心、外化于行;说明这种文化还缺乏影响力,还没有被大众广泛接受,需要宣示和传播。一所学校是否拥有自己的教育哲学,是否拥有自己的教育信仰,是它"底色"如何的重要侧面。毫无疑问,好学校应该有自己的教育信仰。但是,教育信仰不是文字游戏,不是专家赐予的东西。信仰是从内心深处生长出来的,是从脚底下走出来的,是从指尖流淌出来的,是慢慢地生长、慢慢地走出来、慢慢地流淌出来的东西。唯有"慢慢地"才能"深深地","深深地"才能"牢牢地",扎下根来,进入我们的灵魂,融入我们的血液,成为我们生命的构成,成为我们前行的力量。文化总是无言或少言,但让人作出判断和选择。好学校,你一走进去,一种向往感、追慕感、浸润感便油然而生。因此,好学校是柔软而有力的。

美国思想家梭罗在《种子的信仰》一书中把好学校比喻为"一方池塘",每一个孩子在其中如鱼得水,自由自在,这就是"回归自然"的状态。不是吗?好学校总是这样的——温润,纯粹,舒展,美好,柔软而有力——这也是本套丛书聚焦的一批学校的性格色彩。

杨四耕

2019 年 5 月 30 日于上海市教育科学研究院

目　录

第一章　"天籁教育"的时代背景 / 1

任何教育思想都是基于一定的文化架构,都是教育实践孕育而生的。"天籁教育"亦如此,它扎根于深厚的文化土壤,追求纯粹、灵性、自然,是一种原生态的素质教育实践形态,是学校"三声"文化的深耕,是立足当代宏观历史背景和学校微观情境所作出的选择,是古今中外教育思想的一次融合与创新,是对美好生活的一种唤醒、追索和顶层立意,是一种悄无声息的浸润。

第二章　"天籁教育"的美学境界 / 13

教育就是这样,有时候一声简单的问候,一句淡淡的鼓励,一句普通的应答,一声平凡的叮咛,也会在儿童的心海投下点点帆影,让心湖荡开圈圈涟漪,让心灵的天空像雨后初霁,澄澈、明净、愉悦、空灵、温馨……是啊,教育是一种天籁般的存在。每一个孩子都具有无限可能,总有一首歌可以唱响生命的天籁。只要用心去聆听,时时都有天籁之音;只要勇敢去探索,处处都有天籁之境。

第三章 "天籁教育"的育人品质 / 23

"一方水土养一方人"。"天籁教育"脉延龙江流域历史文化资源,立足当代宏观文化架构,贴近儿童身心特点。我们给孩子的心灵花园种下真、善、美的种子,使他们拥山之德,怀水之志,充满向上的力量。我们欣喜地看到,在"三声"校园文化的引领下,阳光、聪慧、博雅、多艺的少年儿童在茁壮成长,"天籁教育"正焕发出独有的魅力。

第四章 "天籁教育"的课程体系 / 35

让每一个孩子感受生命的天籁,是学校课程的核心理念。在这里,课程即生命美学,是曼妙的诗篇;在这里,课程即美好期待,是儿童成长的礼物;在这里,课程即自然生长,是跳动的旋律;在这里,课程即文化追寻,是成长的印迹。学校是美好事物的荟萃地,尊重儿童的个性需求,设计丰富多彩的课程,让孩子们找到属于自己的世界,让书声琅琅、歌声嘹亮、笑声阵阵,让每一个生命沉浸于天籁之声。

第五章 "天籁教育"的教学策略

　　荷尔德林说过:"人,诗意地栖居在大地上。"这句话可以表征为教育的一种至纯追求。教育无声,教育无痕;教育有声,教育有色,这些说法并不矛盾。"天籁教育"所追求的课堂教学呈现出自由呼吸的感觉,是生命本然的样子。学习不是毫无热情地把知识从一个头脑装进另一个头脑,而是师生之间每时每刻都在进行心灵的交流,进行心灵的碰撞。课堂是一场生命旅程,洋溢着生命光彩、充满诗意与美好,孩子们从课堂中能得到愉悦、幸福和满足。

第六章 "天籁教育"的空间文化

　　花圃草地,蓬勃着春的绿意;诗情花语,流淌着爱的甜蜜;梦想花开,幸福在这里落地。遵循天性,守护天真,维护天成,让学校这一天籁之境成为会说话的风景。我们以活跃的空间布局诠释课程的深刻内涵,让校园空间成为课程的有机组成部分,最大限度地让每一个物理空间释放教育能量。

我们努力突破教室和校园围墙的限制,让社区、大自然和各种场馆成为课程深度推进的生命空间。

第七章 "天籁教育"的专业姿态 / 135

爱是最美的语言,是教育艺术的魅力所在,学校应该成为追寻生命天籁的地方。因为爱,生命才会是天籁,情之深深,爱之漾漾,这是对学生的爱,对教育的爱,对脚下这片土地最深沉最热烈的情怀。因此,我们提出"爱到深处,生命尽是天籁"之理念。这就是我们的教育信仰和精神图腾。我们将以这样的精神状态去追寻天籁,追逐梦想,探索教育的诗和远方,追寻天籁般的教育生活。

第八章 "天籁教育"的管理思维 / 151

追溯教育之本源,追问教育之初心。一所特色鲜明、内涵丰富的学校,必须具备理念先进、方法多元的管理,通过管理进行人文关怀,实施愿景激励,促进内在觉醒,创造和谐家园,做到以管理促效益,以管理促保障,以管理促发展。教育,是一种信仰,一种坚守,一种情怀。朝气蓬勃的学校,总是承载着山的坚韧,水的智慧,且行且歌,驶向幸福的彼岸。

倾听生命的天籁

滨江小学创办于 2008 年，坐落在福清市繁华的西区，马山之麓，龙江之滨，世界灌溉工程遗产天宝陂之畔，得天独厚的地理位置，灵山秀水的天然滋养，孕育了独具特色的"天籁教育"办学思想。

秉持着"天籁教育"办学思想，滨江小学提出了鲜明的育人目标——培养"阳光、聪慧、博雅、多艺"的"天籁少年"。"天籁教育"主张回归自然、纯粹、灵动，遵循天性，守护天真，维护天成，追溯本源，让每一个孩子感受生命的成长。

多年来，我一直在积极探索和实践"读思达"（阅读、思考、表达的简称）教学法，这是一种指向核心素养的"完整的学习"。"天籁课堂"以"畅读畅言声（读）、花开拔节声（思）、下笔沙沙声（达）"三声样态为主要特征，与"读思达"教学法不谋而合，有异曲同工之妙。"天籁教育"通过创设充满生命力的开放性课堂，旨在"吸纳知识、拔节思维、表情达意"，初步形成基于"读思达"的教学途径、教学方法和教学策略，激发孩子的天籁童趣，保护孩子的天籁童心，让学生的阅读、思考、表达在课堂真实发生，让核心素养在课堂真正落地。因此，"天籁课堂"与"读思达"教学法是相融相通的，"天籁教育"呼应了"读思达"教学理念，它是古今中外教育思想的一次融合与创新，是对美好生活的一种唤醒、追寻和顶层立意，体现了立德树人的总体要求。

"天籁教育"落地于"好声音课程"。"好声音课程"以核心素养作为课程设计的依据和出发点，跳出学科本位，拓宽课程边界，加强纵向衔接与横向配合，更生本、更多元、更跨界，将国家课程地方化、地方课程校本化、校本课程特色化、特色课程微型化，让学生有更多的选择机会，更多的发展可能。"好声音课程"的开发是一场以课堂为突破口、以育人方式变革为抓手、以学科素养与综合素养融合发展为导向的课堂教学整体变革。这一变革的亮点就是各科教师结合学科特点，规划"读思达"路线图，强化学科实践，探寻学科与学科、学科与生活、学科与儿童融合的"整体化策略、情境化策略、深度化策略、活动化策略、自主化策略、意义化策略"，以实现课程教学质量的高水平发展。

短短十余年,在"天籁教育"办学思想的引领下,滨江小学实现了跨越式发展,成为福清市首个集团化办学的试点单位,2021 年获评福建省"省级文明校园"。学校先后被授予"全国青少年普法教育先进单位"、福建省"义务教育管理标准化学校"、福建省"义务教育教改示范性建设学校"等 60 余项国家级和省市级荣誉称号。

　　日月星辰的运行,风雨烟云的变幻,空中百鸟的翔舞歌唱……皆是天籁,我欣喜地看到:一群热爱自然和生命的教师正阔步走在追求和实现"生命尽是天籁"的教改道路上,意气风发,且歌且行。

2021 年 8 月 28 日

追寻天籁般的教育境界

　　我出生于教育世家,家族之中教师众多。父亲虽然只有初中学历,却写得一手好字,是一所村小的校长,算是村里的一个文化人。彼时谁家有南洋亲戚需要通信往来,总是找父亲代笔。我是家中唯一的男孩,有三个妹妹,按照农村习俗,女孩是别人家的风水,都是早早辍学参加生产劳动。我们家则不同,三个妹妹都受过较好的教育,老三还是我们村第一个女研究生,也算是书香家庭了。可这样一来,家庭经济负担加重,母亲开了个裁缝店没日没夜地劳作贴补家用,父亲也不得不一边教书一边种地。我清楚地记得,他在被自己汗水磨渍得发亮的扁担上用方正的隶书写下"万般皆下品,惟有读书高"这幅名联来勉励家人,这条扁担也一直伴随着他数十年半耕半读的教育生涯。

　　幼小的我,对世界充满好奇。记得五岁那年,父亲坐在楼梯上拉琴,我放声高歌:"大海航行靠舵手,万物生长靠太阳……"年纪稍长,我又开始沉迷在《水浒传》《三国演义》英雄人物的世界里,虽然文字晦涩难懂,但我囫囵吞枣,不求甚解,有时甚至张冠李戴,比如,把"许褚"说成"许猪",把"荀彧"念成"荀或",等等,闹了不少笑话,却又手不释卷,乐此不疲。由于用眼习惯不好,小学还没毕业,眼睛就近视了。父亲偶尔会带我拜访一些文化艺术界人士,让我从这些"高人"身上得到一些熏陶,他从不要求我读书做官、挣大钱,尽让我学些"无用"的东西。

　　童年的我,十分顽皮。我整天漫山遍野疯跑,把同龄孩子所玩的戏耍杂活几乎玩遍了,常常忘记回家,因此没少挨父亲的鞭子。八岁那年,我在村小上一年级,父亲在南岭山区教书。山下先放暑假,我就跑到山上父亲的学校玩。偶然看到黑板上那些生字词刚好学过,也不知哪借来的胆子,信手拿起教鞭,模仿老师的样子,有板有眼地教起那些山里孩子来,那模样俨然像个小学究。"小老师"稚嫩的童声引来了好些看热闹的山民,他们聚拢在教室窗外啧啧称奇:"哟!这童子可了不得,长大后一定要当先生的。"

　　长大后,我竟真的"皈依"了教育。告别了丰富多彩的师范生活,我意气风发地走上工作岗位,担任一所乡村完小的语文教师,兼任少先队辅导员。乡村学校业余生活十分单调乏味，我是全校唯一的年轻人，第二年轻的便是校长——我的父亲。百无聊赖之中我只好自寻乐子，这时，那些"无用"的东西倒是发挥了大用，每天吹拉弹唱、篮球乒乓，日子倒也过得快乐充实。每年镇上的春节联欢会总少不了我，我几乎成了当地的"明星"。我把所有特长"倾泻"到少先队工作中，活动开展得有声有色，深得孩子们的喜爱。教育局局长亲自带着全市的校长来观摩我们的主题中队会，县上两所最好的学校双双向我抛出橄榄枝……九十年代初期，正值"出国热"席卷东南沿海地区，许多年轻教师纷纷离职出国淘金，而我选择了坚守，因为我已经"乐在其中"了。

进城十年，我通过努力工作一步步走上学校管理岗位。记得 2006 年的某一天，局领导突然找我谈话，代表组织征求我的意见：让我担任城区中心小学校长，管辖城区六所学校——这可是莫大的信任啊！告别领导，我信步来到大街上，大喇叭里正好飘来韩红的《天路》："那是一条神奇的天路，带我们走进人间天堂，从此山不再高，水不再漫长，幸福的歌声传遍四方。"歌声是那样空灵、澄澈，宛如天籁一般，顿时，一股幸福的暖流涌上心头：几千年来，读书人最高的人生期许莫过于深受知遇之恩，实现人生梦想，而我，是如此幸运！我暗地里下定决心：一定要成为一名好校长，办一所好学校，把最好的成长礼物奉献给孩子们。

回想自己的成长历程，以读书、运动、艺术为三大兴趣的"三声"（书声指代阅读，笑声指代运动，歌声指代艺术）滋养我成长，成为我生活的主旋律，助我一步步走上学校管理者的岗位。我想：假如孩子们的生活充满了"三声"，那一定是阳光自信、活泼开朗的少年；假如一个家庭充满了"三声"，那一定是和谐温馨、幸福美满的家庭；假如我们的整个社会充满了"三声"，那不正像歌里所唱的那样"世界将变成美好的人间"吗？好教育让人闻声而至，好学校让人闻音心醉，我决定循声而入，倾听生命的"天籁之声"，追寻教育的"天籁之境"，这就是"天籁教育"的创意缘起，也是我想献给儿童最好的成长礼物。几年来，我一直寻寻觅觅，执着前行，探索这条神秘的"天籁之路"。尽管一路坎坷不平，雨雪风霜，但我坚信前方一定生机盎然，花香满径，因为它是叶的事业；尽管也曾彷徨苦闷，独上高楼，但我坚信未来必定阳光普照，霞彩满天，因为它是爱的天地。因为有爱，才有天籁，爱到尽头生命定会是天籁。

斗转星移，不觉已过知天命之年。回首往事，我恍然大悟，命运似乎早有安排，我和"天籁"有个约定，追寻天籁般的教育境界就是我教育的"天命"。

有缘教育，无悔此生！

　　任何教育思想都是基于一定的文化架构，都是教育实践孕育而生的。"天籁教育"亦如此，它扎根于深厚的文化土壤，追求纯粹、灵性、自然，是一种原生态的素质教育实践形态，是学校"三声"文化的深耕，是立足当代宏观历史背景和学校微观情境所作出的选择，是古今中外教育思想的一次融合与创新，是对美好生活的一种唤醒、追索和顶层立意，是一种悄无声息的浸润。

任何教育思想都不可能在真空中产生，必然是基于一定的文化架构，扎根本土，立足教育实践孕育而生的，"天籁教育"亦如此。它扎根于福清龙江流域深厚的文化土壤，追求纯粹、灵性、自然，是一种原生态的素质教育形态。"天籁教育"不仅是学校"三声"文化的一种深耕，更是学校发展素质教育的个性化实践样态，一句话，"天籁教育"就是根据当代宏观历史背景和学校微观情境所做出的选择。

一、学校文化变革的边走边看

福清市滨江小学创建于 2008 年，属于"少年派"校园，却拥有近 5 000 名学生，是当地规模最大的一所小学，其发展速度创造了业内的一个奇迹，被誉为"滨江速度"。学校之所以能快速崛起，可归结为六个字，即"天时、地利、人和"，具体而言，就是乘福清城市化发展之天时，得西区灵山秀水之地利，沐社会各界关爱推动之人和。当前，学校正处于高速发展的关键时期，如何迎接新的机遇与挑战，确保可持续发展，是学校面临的重要课题。

（一）以学校文化建设撬动内涵发展

文化和教育具有共同的目标指向。文化指向人的生活，背负改造社会的使命。教育是人学，人是教育的唯一标尺，教育目标指向的也是人。因此，文化与教育目标一致，学校文化建设可作为撬动教育变革的支点，推动学校内涵发展。

学校变革的目的是建设新样态学校，用哲学的眼光"向内看"，帮助学校找回自我，其基本主张有五点：（1）我是谁——这是一所什么样的学校；（2）我现在在哪里——学校的定位是什么；（3）我要到哪里去——学校的发展目标、愿景是什么；（4）怎么去那里——发展的手段、途径、策略是什么；（5）我能否确定到了那里——效果评价如何。学校变革的支点包括：理念创新、育人模式创新、课程、校本教研、学校文化建设。在这么多选项里，文化建设是基于顶层设计、自内而外的变革，其核心是文化内生。

近年来,福清市滨江小学秉承福清市委市政府"高起点、高标准、高质量"的创校思路,遵循"育仁浚智、融和至臻"的治校方略,向着"拥山之德,怀水之智,培养阳光聪慧、博雅多艺的滨江少年"的育人目标,打造独具特色的"三声"校园文化——琅琅书声入课堂、爽朗笑声润心田、悦耳歌声满校园。年轻的滨小开拓创新,积极探索多样化、特色化办学之路。靓化工程——勾勒出特色鲜明、环境优雅的高品位学校雏形;引智工程——锻造着精于业务、乐于奉献的高水平教师队伍;"好声音"课程体系——提升课程品质,用丰富课程浸润学生,努力让每一位学生感受生命的天籁;"三声秀场"——让更多品学兼优、兴趣广泛的高素质学生有了秀我风采的舞台;"温馨教室"创建——架起了家校联系的桥梁,盘活了社会、家庭优质资源,有效助推了学校的发展。年轻的滨小办学声誉鹊起,受到社会各界广泛关注,创校不到数年便跻身于当地名校之列。

辩证唯物主义告诉我们,解决问题必须抓住主要矛盾。年轻的滨江小学面临的主要矛盾是学校声名远扬和内涵相对不足的矛盾。因此,构建学校文化,促进内涵发展就成了我们当前的主要任务。如何放眼时代发展的要求,挖掘中华优秀传统文化价值内涵,激发学校教育的生机与活力,促进学生德智体美劳全面发展,是学校文化建设的关键所在。

经学校行政班子集思广益、思维碰撞,并广泛征集教职员工的意见,根据学校地域文化历史背景与发展导向,决定以"声音"作为学校文化的切入点,以"天籁"为学校核心价值追求,吸纳山水文化的精髓,建立富有校本特色的"三声"文化体系,引领学校发展。在琅琅书声、爽朗笑声、悦耳歌声中,感受"三声"文化的魅力,打造全新概念的"天籁校园",兴底蕴深厚之学堂,育内外兼修之桃李,使学校成为师生知识的殿堂、艺术的乐园、快乐的家园。

(二)引领学校文化建设"往深里走"

"教育哲学"是学校成员创造并共享的核心价值,以及在核心价值的统领下对本校一系列教育教学和管理思想所进行的校本化凝炼;是从最本质的层面上回答"自己"学校的教育究竟依据什么、是什么样、应该是什么样以及怎样达成等基本问题;是对本校办学思想进行最抽象、最深刻的概括。"教育哲学"这个概念产生于英国,其后陆续传播到欧洲、北美等地。"五四"运动前夕,美国教育家杜威来华讲学,由其讲稿汇编而成的《民主主义与教育》一书的副标题就是"教育哲学导论",其演讲也就被称为"教育哲学演讲","教育哲学"一词始为中国教育学界所认同。

中华文化源远流长,哲学思维古已有之,古代先贤思想家们就已经把对教育问题的理解与天命论、人性论结合起来,成为一种具有哲学意味的思考。《中庸》有云:"天命之谓性,率性之谓道,修道之谓教。"上天所给予人的气质叫作"性",依照本性去做事叫作"道",修道的方法就是"教化"。人类修行的目的,便是"绝圣弃智",打碎加于人身的藩篱,将人性解放出来,重新复归于自然,达到一种"万物与我为一"的精神境界。

学校文化建设需要哲学思维,因为它能让学校发展更具科学性。学者沈曙虹指出:"一所学校的生命力在于其深刻、丰富且独特的战略个性,而要建立起这种战略个性,首要前提就是必须确立准确、鲜明而校本化的核心理念,并将其作为贯穿学校所有办学思想的红线,再辅以执行系统的完全跟进与物质形态的完美展现,使学校的办学理念、行为和环境建设形成完整的"价值链"。①

教育工作者需要哲学思维,因为哲学解放了教师的想象力,同时又指导着他的理智,它能让教育者更具理性。正如康德所说,"真知灼见固然需要教育,教育亦要靠真知灼见。"这种对教育的真知灼见依赖于教育者对"教育哲学"的理解,假如离开了"教育哲学",我们就会在各种各样的教育口号、观念、政策面前雾里看花,水中望月,失去辨别和判断能力,以至于迷失方向。美国教育家拉尔夫·泰勒说:"那些不能用哲学去思考问题的教育工作者必然是肤浅的。一个肤浅的教育工作者,可能是好的教育工作者,也可能是坏的教育工作者,但是好也好得有限,而坏则每况愈下。"②由此可见,对教育行为进行哲学思考,是学校管理者和所有教师的一门"必修课"。

概括地说,"教育哲学"至少有以下五个方面的重要作用:1. "教育哲学"是一种科学、理性的思维,是学校教育的科学发展观;2. "教育哲学"触及教育的本质,回答了教育行为从何来、往哪去、怎么去等根本性问题;3. "教育哲学"能够让学校发展极具战略个性,充满生机活力;4. "教育哲学"使课程建设更具理性和逻辑,有力推动课程规划的实施;5. "教育哲学"使学校育人目标、办学理念、课程建设、空间文化等形成一个严密的价值系统。

在教育哲学思想的指导下,我们立足办学实际,提炼独具特色的"天籁教育"办学

---

① 沈曙虹. 学校教育哲学的观念要素和体系结构[J]. 教育研究,2019,(9):87—94.
② [德]伊曼努尔·康德著,邓晓芒译. 实践理性批判[M]. 北京:人民出版社,2016.

思想,构建"好声音"课程体系。希望在孩子们幼小的心灵中播种下"三声"的种子,让它生根、发芽、开花、结果,使其影响家庭,造福社会,奠基幸福人生。

综上所述,学校文化建设是撬动学校变革的重要支点,学校文化深度发展需要哲学思维,而"天籁教育"顺应了这种趋势和潮流,是时代的呼唤,更是教育改革和发展的客观需要。

二、发展素质教育的必然选择

当今世界正处于百年未有之大变局,国际力量对比发生新的变化,我国在日益走近世界舞台中心的同时也面临更多严峻的挑战。世界多极化、经济全球化深入发展,科技进步日新月异,人才竞争日趋激烈。中国未来发展、中华民族伟大复兴,关键靠人才,基础在教育。

(一)国家方针政策倡导教育改革创新

《国家中长期教育改革和发展规划纲要》指出:要以学生为主体,以教师为主导,充分发挥学生的主观能动性,把促进学生健康成长作为学校一切工作的出发点和落脚点。关心每个学生的成长,促进每个学生主动、生动、活泼地发展,尊重教育教学规律和学生身心发展规律,为每个学生提供适合的教育。

《教育部关于全面深化课程改革落实立德树人根本任务的意见》指出:经济全球化深入发展,信息网络技术突飞猛进,各种思想文化交流交融交锋更加频繁,学生成长环境发生深刻变化。青少年学生思想意识更加自主,价值追求更加多样,个性特点更加鲜明。国际竞争日趋激烈,人才强国战略深入实施,时代和社会发展需要进一步提高国民的综合素质,培养创新人才。这些变化和需求对课程改革提出了新的更高要求。推进教育现代化,必须扎根中国、融通中外、立足时代、面向未来,从我国优秀教育传统中汲取营养,积极吸收借鉴国际先进经验,以新的发展理念和教育思想指导教育现代化。

《中国教育现代化2035》提出了八个"更加注重"的基本理念,即以德为先、全面发展、面向人人、终身学习、因材施教、知行合一、融合发展、共建共享。这八大基本理念,遵循了教育规律和人才成长规律,也顺应了国际教育发展趋势。

《中共中央国务院关于深化教育教学改革全面提高义务教育质量的意见》中也强调指出：要树立科学的教育质量观，深化改革，构建德智体美劳全面培养的教育体系，健全立德树人落实机制，着力在坚定理想信念、厚植爱国主义情怀、加强品德修养、增长知识见识、培养奋斗精神、增强综合素质上下功夫。

从以上政策可以看出，随着国际竞争日趋激烈，国家高层居安思危，出台系列政策，倡议教育改革，以适应形势发展的需要。

（二）当前教育现状呼唤教育改革创新

教育肩负着国家富强、民族复兴的重任，必须尊重客观规律，才能科学发展。然而审视当前的中国基础教育现状，情况堪忧。前不久，网络上曾流传这样一个悲催的故事：西北某高校的高材生，取得博士学位之后到美国留学，又拿了一个博士学位。近日，"双料"博士回来了，然而不是学成回国，而是被两个高壮的美国警察押着回来，随身的物品只有一瓶治疗精神分裂症的药物。当年的学霸沦落到如此地步，不禁令人扼腕嗟叹，原因当然有很多，但其中重要的一点是：从小到大，除了读书他什么都不会。

这件事深深地刺痛了我，它固然不能代表中国教育的全部，然而"风起于青萍之末"，需要引发我们对当下教育的发思，我的体会有以下三点：

一是教育的至上境界应当是"文化育人"。什么是文化？这是全世界共同关注的热门话题，但是迄今为止尚无统一的定义。联合国教科文组织曾邀请各国学者讨论什么是"文化"，也没有取得共识。梁漱溟说："文化并非别的，乃是人类生活的样法。"胡适说："文化是一种文明所形成的生活的方式。"龙应台则认为："文化其实体现在一个人如何对待他人、对待自己、如何对待自己所处的自然环境的态度。在一个文化厚实深沉的社会里，人懂得尊重自己——他不苟且，因为不苟且所以有品位；人懂得尊重别人——他不霸道，因为不霸道所以有道德；人懂得尊重自然——他不掠夺，因为不掠夺所以有永续的智能。"一个人迎面走来，他的举手投足，他的一颦一笑，都是他的风度气质，都是一种文化折射。某次，我在一家商场顺着扶梯下行，一位乞讨者迎上前来，是位蓬头垢脸的老太太，碰巧我那天没带任何现金，于是向她微鞠一躬，诚恳地说："抱歉，身上刚好没带一分钱。"正感到歉意间，没想到她竟然向我深鞠一躬，连声说道："谢谢你！谢谢你！"刹那间，我无比诧异地发现，她的笑容竟如此灿烂，露出两排洁白的门牙，满脸的皱纹似乎也舒展开来。我想：是我的尊重唤醒了人性之美，让她感受到一种作为人的尊严。佛说慈悲为怀，众生平等，无论面对任何人，都应予以尊重，这是一种有教养的生活，也是文化的映射。

通俗来讲，文化是多年习惯的集体养成，是由某种因素（职业、居住地域、民族等）联系起来的一个群体所特有的生活方式、工作方式。因为文化指向人的生活，直抵人的内心世界，激发人的精神生命，唤醒人的生命自觉，所以文化背负社会使命，具有社会属性。学者余秋雨指出："人之为人，在本性上潜藏着善的种子，灌溉它们，使他们发育成长，然后集合成一种看似天然的森林，这就是文化的使命。"①时常听到这样的抱怨：我们今天的教育正越来越多地培养有知识而无文化的人。这种说法当然有失偏颇，但其中折射出今天学校教育的某种困境，那就是我们在成就越来越多的知识丰富、智力优秀的孩子之时，却并没有寄予他们相应的文化影响，于是造就了许多"精致的利己主义者"。

二是当前教育领域还存在"目中无人"现象。有人指出：当前中国教育深陷"高耗低效"的"体力型教育"的泥潭！高消耗——师生时间投入量极大，教育成为拼体力、拼消耗的一种体力型劳动；低产出——教师和学生发展不全面、不健康，畸形发展成为部分地方学校教育的一种常态；粗放式——对学校、教师、学生的管理不全面、不到位、不科学，从目标上讲，教育只管知识与技能教育，从方法上讲，不管过程，只管结果；不讲科学——教育的科学精神极其匮乏，教育发展缺乏辩证思维、科学思维。仍有部分地方的教育不尊重规律、不相信教育科学，只相信"时间＋汗水＋药水＋血水"。对于此，作家张晓风曾经不无感慨地说："学校啊，当我把孩子交给你，你保证给他怎样的教育？今天清晨，我交给你一个欢欣诚实又颖悟的小男孩，多年以后，你将还我一个怎样的青年？"面对这个问题，作为学校管理者有何感受？身为教师，作何思考？这是对当下教育的拷问，值得我们三思。

时常听到一些学校管理者也热衷于谈论分数，并以此作为自己的政绩而沾沾自喜，这情境有点像暴发户逢人便夸耀自己有多少钱一样俗不可耐。分数是素养教育的目标之一，但不是唯一目标，比分数更重要的是身心健康、德智体美劳全面发展——这应该成为教育界的共识和坚守。

原中国教育协会会长顾明远先生强调指出：要与反教育的行为做斗争！哪些是

---

① 余秋雨. 何谓文化[M]. 武汉：长江文艺出版社，2012.

反教育的行为呢？第一，把学生分成三六九等，特别是歧视所谓差生、后进生；第二，用暴力手段对待后进生；第三，用非人性的标语口号来督促学生拼命学习。比如，某地高三毕业班的墙壁上挂有这么一个横幅标语"此时何必多睡，死后自会长眠"，类似这样的例子不胜枚举；第四，在学习中提倡（过度）竞争。按照顾老先生的观点，竞争都是不允许的，但我以为：天择物竞，适者生存，竞争是人类社会发展的常态，我们现有的人才选拔机制就是一个竞争的过程，我们反对的是破坏教育生态的过度竞争。所谓"剧场效应"的现象表明：当有人以破坏规则为代价取得暂时领先时，就会群起而效仿之，造成恶性循环，破坏教育生态平衡，其最后的结果是大家都身心疲惫，而整体情况并没有变好，这就是当前教育的通病。正如黎巴嫩诗人纪伯伦所说："我们已经走得太远，以至于忘了为什么而出发。"

三是学校文化建设是当下教育突围的重要途径。2018年9月，教育部部长陈宝生同志在视察北京市开学初工作时说了一段耐人寻味的话，大意是：衡量一所学校办学成功与否，在小学阶段主要看孩子心是否"开"了，在中学阶段，主要看学生心是否"活"了；在大学阶段，主要是看学生心是否"静"了。这段话看似轻描淡写，实则意味深长，我认为至少包含了三层意思：第一，要针对不同年龄阶段学生的身心特点确立不同的育人目标，施以不同的教育手段；第二，对当下教育工作中"目中无人"的功利性做法提出含蓄批评；第三，强调教育应该关注人的内心世界，唤醒生命自觉，为幸福人生奠定基础。教育者必须时时提醒自己，我们的初心是什么，使命又是什么，我们的目标在哪里，如何坚守我们的初心和使命。用这一系列问题叩问自己，以免偏离正确轨道，"误入藕花深处"。

教育的至上境界应该是以文化人。某学者说过，判断教育文明与否、先进与否、成功与否的唯一标尺就是人类的文化。那么，我们是否可以这样说：判断一所学校文明与否、先进与否、成功与否的唯一标尺就是学校的文化呢？

《周易》有云：观乎天文，以察时变；观乎人文，以化成天下。教育的使命就是以文化人，应该遵循客观规律，关注内心世界，唤醒生命自觉，为幸福人生奠定基础。无论是学校管理者还是普通教师，都应该积极投身校园文化建设，提炼出具有校本特色的学校文化，以文化塑造人，以精神鼓舞人，成为核心价值的引领者，学校文化的践行者。

总之，"天籁教育"呼应了国家一系列教育改革与发展政策，顺应了教育改革的总体趋势，体现了立德树人的总体要求，是时代发展对教育改革的呼唤，是全面实施素质教育的需要,是学生身心健康成长的必然选择。

三、教育思想的一次唤醒与浸润

文化是一个国家、一个民族的灵魂,文化育人是时代的呼唤,是民族复兴的需要。"天籁教育"呼应了各类先进教育思想,是古今中外教育思想的一次融合与创新,是对美好生活的一种唤醒、追索和顶层立意,是一种悄无声息的浸润,"天籁教育"具有厚实的理论依据。

(一)天人合一思想昭示着教育必须尊重规律

《道德经》说:人法地,地法天,天法道。这个"道",即是"自然",就是万物本来的样子。人在大地上生存,遵守大地万物生长作息的规则;大地承天,万物的生长繁衍和迁徙是依据自然气候的变化而进行的;自然气候,天象变化遵从宇宙间的"大道"运行;而宇宙间的"大道",则是世间万物本来的样子。"道法自然"就是要顺应时令和万物生长规则,让他们回复到他们本来的样子。

龙江之水清净柔和,滋养着世代的福清人,惠泽通达,奔腾不息,止于至善,教予世人秉怀善仁之心,践行厚德之道。大智大仁乃宇宙精华,成其伟大气度,顶立于天地中,教育之恩泽源远流长、永无止境。"天籁教育"融合山水文化之精髓,聚山之明智,汇水之灵秀,浸润师生,使其启智开悟,明德知礼,孕育出俊贤之师,德才兼备之子。

蔡元培说:"教育者,与其守成法,毋宁尚自然,与其求划一,毋宁展个性"。意即教育要遵循学生的身心发展规律,顺应孩子的天性,追求教育的本然状态,这是教育的本质规律。我校脉延龙江流域千年文史,根据学生年龄特征和办学优势,提炼出育人目标——拥山之德,怀水之志,成就"阳光、聪慧、博雅、多艺的滨江美少年",并以此作为逻辑起点展开,构建"三声"校园文化体系,此乃天人合一之道,也是"天籁教育"提出的重要理据。

(二)自然主义教育思想预示教育要遵循天性

"自然主义"教育核心思想是"归于自然"。卢梭认为:善良的人性存在于纯洁的自然状态之中,遵从天性,归于自然,这是教育的目标和根本原则,目的是培养自然天性得到充分发展的"自然人"。卢梭强调教育要顺应儿童天性发展的自然历程,即遵循儿童身心发展的特点,同时还要尊重儿童的个性特点。卢梭认为要让儿童在自身的教育和成长中取得主动地位,成人不能用各种枷锁束缚儿童,阻碍他们自然本性的发展,要避免灌输、压制、强迫,教师只须创造学习的环境、防范不良的影响。

"自然主义"教育学说以儿童为出发点,强调人类内在本性发展,旨在培养儿童的身心及本性,即让儿童过着儿童应有的生活。"天籁教育"强调遵循天性,回归本然即自然、纯粹、灵性,强调原生态的生长,与卢梭的"自然主义"思想契合。

(三) 杜威教育思想启示教育要维护天成

美国著名哲学家、教育家杜威十分重视儿童的个性,他说:"让学生实现个性化发展,这是教育的天国。"杜威在《学校与社会》这部著作中指出:教育重心的转移,这是一种变革,一场革命,一场和哥白尼把天体的中心从地球转到太阳那样的革命。在这种情况下,儿童成了太阳,教育的各种措施围绕着这个中心旋转。杜威毫不夸张地说:我们必须站在儿童的立场上,并且以儿童为自己的出发点。在杜威看来,在传统学校的生活中,来自教师的刺激和控制太多,而对儿童的兴趣和经验的需要考虑太少。杜威认为"教育即经验的改造"①,在学校生活中,儿童的本能是教育最根本的基础,学校教育的目的就在于:通过组织保证儿童继续生长的各种力量,使教育得以继续进行。

杜威拒绝用二元论的、非此即彼的哲学观看待儿童的发展。既不能像传统教育那样把儿童与成人作令人反感的比较,认为儿童现在的不成熟性是尽快去掉的东西,从而忽略作为儿童的动力源泉的冲动和欲望的重要性;也不能像新教育那样把儿童现在的能力和兴趣视为有绝对重要性的东西,把儿童现在的冲动和欲望理想化,从而导致对儿童的放任和纵容。在杜威看来,儿童的发展是在现有经验基础上的不断生长过程;"受过教育的人"是善于解决问题的人,善于反省思维的人。

"天籁教育"遵循儿童天性,守护天成,主张让儿童站在学校中央,认为学校的一切教育活动,都应该从儿童的视角出发,服从于儿童成长的需要,一切必要的教育措施应该为了促进儿童的生长,这种观点与杜威的教育思想具有内在本质相通之处。

---

① [美]杜威著,赵祥麟等译. 学校与社会·明日之学校[M]. 北京:人民教育出版社,2005.

(四) 生态教育理念提示教育要守护天真

"生态"的概念是德国科学家海克尔在《生物体普通形态》中首次提出的,上世纪八九十年代成为西方教育思潮。近年来,生态教育理念逐渐为中国教育界所认同并广泛应用。生态教育理念认为:生命是大自然最为神奇的创造,每一个生命都是奇迹般的存在。生命因独特而弥足珍贵,因自主而积极发展,因超越而幸福完整。一个人的生命欠缺了应有的长度、宽度与高度,那么他所能发挥的创造力就极为有限。教育是一场生命的旅途,走进校园,看到一张张纯真的笑脸,一个个鲜活的生命,我们最本源的感受就是生命感,是积极向上、蓬勃生长的欲求与状态。

如果说生命有什么颜色,我认为应该是绿色的,因为绿色是生机盎然、自然内在、茁健清新的,也是可持续发展的。好的教育,一定是让孩子找到生命的生长点与生成感,找到自我生命的尊严与作为儿童存在的幸福感。生态教育理念扣住生命的本真,遵循成长原生路径,营造绿色教育生态,让生命如花绽放,让学校成为生命精彩绽放的绿色家园。

教育即生长,生命意义的生长。尊重生命,遵循本性,追寻教育的至真至善,这是"天籁教育"的应有之义。绿色生态发展理念,让教育立足于生命的原点,意味着让学生成长为最好的自己,让学校成为生命的域场,这种理念与"天籁教育"具有异曲同工之妙。

遵循天性,守护天真,维护天成,"天籁教育"扎根丰厚的文化土壤,吸纳了古今中外优秀的思想精华,与时俱进,融合创新,具有重大的实践意义和价值追求,是一种具备时代性和科学性的教育理念。

以"天籁教育"为教育哲学的"三声"校园文化建设促进了学校的高位发展,滨小先后被授予全国青少年普法先进单位、全国足球特色校、全国篮球特色校、福建省义务教育管理标准化学校、福建省教改示范校、福建省语言文字规范化示范校、福建省红旗大队、福建省级示范图书馆、福建省巾帼文明岗、福州市文明学校、福州市义务教育标准化学校、福州市环境友好型学校、福州市规范汉字书写教育特色学校、福州市优质家长学校、福州市教育系统先进基层党组织、福清市书香校园、福清市先进教育工作单位、福清市五星级党支部、福清市教育系统先进基层党组织、福清市平安校园、福清市心理健康教育示范校等50多项荣誉称号。

第 二 章

『天籁教育』的美学境界

　　教育就是这样，有时候一声简单的问候，一句淡淡的鼓励，一句普通的应答，一声平凡的叮咛，也会在儿童的心海投下点点帆影，让心湖荡开圈圈涟漪，让心灵的天空像雨后初霁，澄澈、明净、愉悦、空灵、温馨……是啊，教育是一种天籁般的存在。每一个孩子都具有无限可能，总有一首歌可以唱响生命的天籁。只要用心去聆听，时时都有天籁之音；只要勇敢去探索，处处都有天籁之境。

"天籁教育"植根于"三声"文化,是"三声"文化的教育哲学和本质抽象。它上通逻辑,叩问教育的本质内涵和价值追求,是一种科学的思考和理性的表达,体现思辨的趣旨;下连实践,具有丰富的生命力和想象力,具有重要的现实意义和广泛的应用前景,"天籁教育"指向真善美的教育境界。

一、"三声"文化的价值叩问

　　"天籁教育"的表征是"三声"文化。"三声"文化是"天籁教育"的外部表征,是"天籁教育"的具象表达,两者互为表里,归于一元。

(一)创意"三声"文化

　　美丽的滨江小学位于五马山之麓,毗邻滨江公园绿化带,坐落于福清市中心的滨江大道旁,紧挨穿城而过的福清母亲河——龙江。龙江哺育了世世代代的福清人,孕育了被誉为"海滨邹鲁,文献母邦"的玉融文化,见证了福清历史文化发展的变迁,留下了唐陂、宋桥、元佛、明塔、清寨等文化遗迹,自古有"马山雷鸣宰相出,龙江桥拢状元来"的传说。修建于唐天宝年间的防洪工程"天宝陂"就在学校对岸,迄今还在滋养着玉融大地,"天宝陂"遗址已成功入选世界非物质文化遗产备选目录。因此,学校不仅有"书声、笑声、歌声",而且天天听闻海潮涛声、龙江水声、林木风声,人文景观与自然景观融为一体,孕育了滨江小学特有的校园文化和精神特质。

　　我常常漫步在"天宝陂"旁,聆听那穿越千年的涛声,回想起大唐盛世的恢弘气度,不由得心潮澎湃,思绪万千,一种自豪感和使命感油然而生。望着对岸的滨江小学,我不断地问自己:要把滨江小学办成一所什么样的学校?要培养什么样的"滨江美少年"?我们可以拿什么来奉献给孩子们?立足于山水文化背景,参照中国学生发展核心素养,结合本校办学实际情况及学生的年龄特点,我们凝炼出育人目标——拥山之德,怀水之志,成就阳光、聪慧、博雅、多艺的"滨江美少年",并以此作为逻辑起点展开,构建校园文化体系。

1. 育人目标：阳光聪慧，博雅多艺

根据学校的地理位置以及山水文化的特质，学校涵养出来的"滨江美少年"重在品德修正，才艺突出，性情和悦，因此而制定"阳光聪慧，博雅多艺"的育人目标，其教育导向是要求师生们保持阳光心态，平和心境；努力学习，聪心慧性；博知广识，高雅品位；多才多艺，报效社会。

2. 办学愿景：滨江融智，三声播远

滨江小学之名镶嵌于首，融合山水文化之精髓，聚山之明智，汇水之灵秀，浸润师生，使其启智开悟，明德知礼，孕育出俊贤之师、德才之子。"播远"寄托了我们每一个滨小园丁的期望，希望在孩子们幼小的心灵中播种下"三声"文化的种子，让它生根、发芽、开花、结果，使其影响家庭、造福社会、奠定幸福人生的基础。

3. 校风：志于道，明于心，悦于性

这是学校精气神的具体表现，也是学校个性的风范所在。滨江小学以读书、歌唱、快乐成长为办学特色，其育人的价值取向是把"读书"与修道明志挂钩，把歌唱与养性悦情挂钩，把快乐成长与明心正德挂钩，希望学生有志于道，明德于心，悦情于性，做全面发展的、最好的自己。

4. 教风：德为表，爱为本，业为先

教风是指教师的情怀与操守，强调教师的目标追求和行为规范。因此，要求教师以德为师表，以爱为师魂，以业为师尊；要求教师加强师德修养，对学生富有爱心，关爱每一位学生；要求教师敬业精业，做一名心怀大爱、脚踏实地、声名一致的好老师。

5. 学风：知科学，善人文，通六艺

深受"三声"文化熏陶的"天籁少年"，应该既有科学精神，又有人文情怀，做最好的自己。我们历来重视学生的核心素养和关键能力的提升，除了阅读、歌唱、器乐这三项艺术有助于人文情怀的涵养之外，同时还强化武术、数学思维、创客空间这三项技能训练以提高学生的实践能力。通过"新六艺"的推广和普及，让更多学生在全面发展的道路上做最好的自己。

6. 办学方式：书声润，歌声飞，笑声扬

"三声"之书声、笑声、歌声并列成立，书声让人深邃，笑声令人愉悦，歌声令人陶醉！"三声"文化重点突出读书、悦纳、雅行，故有书声润心，丰盈胸襟；歌声飞扬，激发志趣;笑声欢畅,愉悦才情的办学追求,志在培养全面发展,做最适合自己的优秀学生。"三声"文化如水轻柔,不仅可以激荡孩子的心志,实现人格的陶冶和升华,而且还可以让师生的情感互相交融,达到一种真正精神上的交往与契合,营造出一种充满激动灵性和生命之光的教育氛围。

(二)"三声"文化之价值维度

"三声"首先突出"三",《道德经》有云:道生一,一生二,二生三,三生万物,"三"可谓是玄妙之数;"声"为切入点,宇宙有声,万物有声。明朝东林党人顾宪成有副著名的对联:"风声雨声读书声,声声入耳;家事国事天下事,事事关心。""声"中自有学与识,"声"中自有喜与乐,"声"中自有雅与趣。昔日孔圣人在齐闻《韶》乐,三月而不知肉味;白居易在浔阳江闻《琵琶行》引发"同是天涯沦落人,相逢何必曾相识"的知音感慨,竟致于"座中泣下谁最多? 江州司马青衫湿",可见声音具有巨大的魅力,可以叩击人的灵魂。教育的至上境界就是听觉盛宴,好教育让人闻声而至,好学校让人闻音心醉,好老师能说能听,好学生能读能唱,儿时童声天籁,未来金声玉振。我们决定循声而入,倾听教育的天籁之声,追寻教育的天籁之境,撬动学校内涵发展。

"三声"文化理念具有鲜明的外延维度和广泛的教育功能,基本概括了学校教育的各种架构维度,具有强大的覆盖功能,具有以物叙情、以声寓教的深刻内涵和丰厚底蕴。它注重闻声见人,辨声识器,从中体会书以载道,乐以开怀,歌以咏志的教育境界,具有通俗易懂、简约易行的特质! 可谓是大道至简。

孔子有言:"仁者乐山,智者乐水。"山之智,源于群山沉着自如,不变真我。水之智,源于动而灵活、静而机智,万变其身。文化无言,却是最掷地有声的教育宣言;山水无声,却是最疏而不漏的育人之道。滨江小学立于山前,融山之坚韧,修养师生高山之德;立水之滨,汇水之灵秀,融汇通达,止于至善。"三声"文化以山水之智浸润师生,使其以知启慧,明德开智,高山流水相依相衬,成一幅幅书香画卷。

"三声"文化放眼国际视野,与中国学生发展核心素养相契合,推动了艺术教育发展改革,彰显学校的办学特色,推动学校的课程融合,推进学校跨越式发展,呈现"三声"校园文化与学生核心素养共舞的美好景致! 健康、向上的"三声"校园文化对学生的品性形成具有持久性和深远性的意义,它供给学生精神食粮,对学生的修养提升、人格发展、个性张扬给予全方位的影响。

（三）"三声"文化的逻辑内涵

滨江小学在锦绣山水间孕育而生,承载着山的坚韧,水的智慧。学校独有的山水风韵,让著名学者陈章汉为之欣然陶醉,挥笔写下恢弘大气又脍炙人口的《滨江赋》:

峰延永福,泽本清源,是谓福清。金声玉振,天地融通,乃称玉融。承龙脉之华滋,山重水复;领闽都之浩气,柳暗花明。翔龙在天,潜龙在渊。静卧一泓水,奔腾一道川,蜿蜒大地文章,谓之龙江。

壮哉龙江,百里归渊。源头如屏,少林雄风久驻;中流凝碧,石竹好梦长萦;下游交冲,陂横水分成淡;临海吞吐,御风帆举乾坤。但逢端阳,龙舟竞渡,击楫声起,试看人龙。天择物竞,其乐融融。

善哉龙江,与石为盟。同肩风雨,共履沧桑。唐陂截流分灌,宋桥卧波渡人;元佛笑拥三界,明塔雄睨大千;黄阁重纶瑞气,清寨自逸歌山。城中藏龙卧虎,郭外日月星辰。是谓玉融故地,世界襟怀。

美哉滨江,山水相拥。望中千畴缀绿,岸边五马奋鬃。仁者乐山,沉静庄重为范;智者乐水,灵动儒雅为尊。惟拥山之德,怀水之志,成就阳光美少年;文武兼擅,博雅骈臻;龙骧鹤舞,无愧于炎黄。

妙哉滨江,道法自然。在山之野,在水之湄。知音之会也,当浚智以育仁。山雍雍鉴水而慧,水穆穆觐山而甦。把天地之精气,汲古今之风神。有三声盈耳,六艺相生,龙脉之一方热土,所以冉冉焉。

钧天广乐,叩地跫音。三声播远,智融江滨。不负石之敢当,水之流觞。笑声之暖耳,歌声之畅怀,书声之润心,乃黉序宫商。三福之地,道承东鲁,学启闽中。留恋处,无须问姓,读书声里是吾家!

"三声"文化如水一样至柔至善,润泽童心,激荡孩子的心智。师生的情感互相交融,真正达到一种精神上的交往与契合,营造出一个充满激动灵性和生命之光的教育氛围。书声、笑声、歌声,以声绘锦,素雅有声,唤醒孩子向善的心,唤醒孩子内在的力量。我们欣喜地看到,在"三声"校园文化的引领下,学生的行为正悄然发生变化:快乐心情,总会在某一个时刻,悄然绽放。在滨小这块年轻的土地上,愿每一个孩子都能享受到生活中点点滴滴的美好,成长为阳光、博雅、聪慧、多艺的美少年!

"三声"既是教育功能又是教育手段,从而立足于读书成人、快乐成长、艺趣成才的教育价值指向,力图从具体生动的"有声教育"转化为潜移默化的"无声滋润",培养出博学广识、快乐阳光、情趣高雅的滨江美少年,使学校成为师生知识的殿堂、艺术的乐园、快乐的家园。

以"三声"文化为纽带,我们架设融台两地青少年文化交流的平台,连续六届举办"融台青少年文化交流大会",使"宗鹤拳"文化声名远播,国际武协代表团也专程来校观摩考察;"三声"文化艺术团还登上央视,获得 2014 年央视少儿春晚节目舞蹈类金奖。艺术团还应邀参加"童星耀港庆回归"纪念香港回归 20 周年文化艺术展演,舞蹈《中华梦乡》以及川剧《变脸》荣获金奖,使我校艺术教育发展达到新的高度。在"三声"文化引领之下,学校办学质量飞速发展,声誉鹊起,成为福清的一张教育名片,与"三声"相关的课题研究被福建省教育厅两度立项为省级 A 类课题,得到教育界的广泛关注。

"三声"文化就是在滨江这方水土上孕育而生的以生命为根、以幸福为茎的绿色植物,原生态、接地气、有营养是他的基本属性。

二、教育理应纯粹、自然、灵性

顺乎天性,回归本然,教育理应纯粹、自然、灵性而美好。

最美的声音是"天籁之声"。"天籁"一词出自《庄子·齐物论》,与地籁、人籁相比较,指自然界的风声、水声、鸟声等声响。在海边,大浪拍岸所发出的声响,是天籁;在空中,老鹰扇击翅膀的声音,是天籁;在雨林,猴子在大树之间穿梭,叶子的抱怨声,是天籁;蚂蚁之间,吱喳的呢喃细语,是天籁……可以说,天籁是自然界天成之音,是天地间生生不息的力量。而在我们心里,天籁是儿童的书声,是天使的歌声,是孩子们的笑声……是啊,教育是听觉的盛宴,教育理应是纯粹、自然、灵性的,这是教育的至上境界。

(一)"天籁教育"的特征

"天籁教育"指向学校文化的本质与特性,是"三声"文化的本质抽象和价值追求,是从"元认知"的层面回答"三声"文化究竟是何、为何与如何等基本问题。"天籁教育"是教育的追本溯源,初心回归,让教育变得纯粹、自然、灵性而美好,是学校发展素质教育的个性化实践样态,是学校教育的价值观和内涵发展方法论。

天籁教育"具备以下六个方面特质：①自然：秉于自然，顺乎天性；②纯粹：儿童立场，育人本色；③质朴：天然无饰，回归本真；④纯情：大爱深深，情之濛濛；⑤倾听：美妙动听，直抵内心；⑥灵性：陶冶性灵，启迪智慧。

(二)"天籁教育"的美学意义

曾有人表示疑惑，认为"天籁教育"过于诗化，是难以实现的理想主义。有此观点，我完全理解，但不敢苟同！因为当初我也曾这么认为过，从无法接受到最后发现"非你莫属"，经过了一番痛苦的历程。"不堪回首来时路"，"为伊消得人憔悴"，经过无数次的大脑风暴以及实践检验，证明"天籁教育"不但具有实际应用价值，而且具有极高的美学价值。下面谈谈我的三点体会：

1. "天籁教育"是教育工作者的诗和远方。有句话说得好：生活不止眼前的苟且，还有诗和远方的田野。教育亦如此。著名的小语界大咖王崧舟教授不正是开创了"诗意语文"教学流派而驰名大江南北吗？近日，他做客"百家讲堂"，"诗意语文"吸粉无数，让全国的电视观众情不自禁爱上语文；北京第十一中学李希贵校长入选"当代中国教育家"名列，他的办学思想就是充满诗意的"为了自由呼吸的教育"；苏州十中办学质量卓越，学校的办学思想"办一所诗意的学校"，校长柳袁照人称"诗人校长"——教育生活中，除了分数，除了升学率之外，还要有充满诗意的学校文化，还要有教育者的梦想和追求，这是我们的"诗和远方"，是教育工作者的浪漫情怀。

2. "天籁教育"是教育的返璞归真。"天籁"并非高不可攀，许多人无法接受的原因在于"高看"了。"天籁"指自然界的各种声响，随处可见，随时可听。"天籁"就在于我们息息相关的自然万象，"天籁"并非只有天上有，人间处处皆可闻。"天籁"追求纯粹、自然、灵性，这是教育之本原，教育之初心，是一种本然状态。

3. "天籁教育"是学校办学价值链的重要一环。当我们以整体眼光看待"三声"文化和"天籁教育"时，就会发现"天籁教育"源自"三声"文化，落地于"好声音课程"，三者之间形成一个互相关联的整体，不可或缺。这是一种立体、丰富的表达方式，三者之间形成一个有机环、价值链，体现教育者的逻辑思维和哲学视角(见图 2-1)。所以要用整体的眼光来看待，不能一叶障目，不见森林。

"天籁教育"是"三声"文化的教育哲学，是"三声"文化的本质抽象。当我们透过现象看本质，基于"三声"文化哲学意义的思考，寻找学校文化的本质追求和内在价值，就

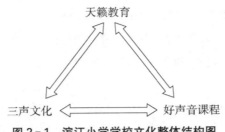

图 2-1　滨江小学学校文化整体结构图

必然会得出"天籁教育"这个唯一的答案,这是基于文化的逻辑思维和理性思考! 如果说"三声"文化是具象,那么"天籁教育"就是抽象;如果说"三声"文化是表征,那么"天籁教育"就是本质;如果说"三声"文化是载体,那么"天籁教育"就是精神内核。假如用一个三棱锥来表示,"三声"文化就如同锥体的三个面,是学校文化的三个维度,直指三棱锥的顶点"天籁"——如同皇冠上熠熠生辉的明珠,两者本属于同一个事物,只是表述维度不同而已。"三声"文化、"天籁教育"两者互为表里,归于一元,都是在滨江这方水土上孕育而生的以生命为根、以幸福为茎的原生态绿色植物!

陶行知说:把你的生命放在学生的生命里,把你和你的学生的生命放在大众的生命里,这才算是尽了教师的天职。一个普通的孩子,在有天籁境界教师的引导下,聆听生长的拔节之声,他的生命会因此而大放光彩。教育就是这样的,一声简单的问候,一句淡淡的鼓励,一句普通的应答,一声平凡的叮咛,也会在心海投下点点帆影,让心湖荡开圈圈涟漪,让心灵的天空像雨后初霁,澄澈、明净、愉悦、空灵、温馨……

是啊,教育是一种天籁般的存在,每一个孩子都具有无限可能,总有一首歌可以唱响生命的天籁。只要用心去聆听,时时都有天籁之音;只要勇敢去探索,处处都有天籁之境。以"天籁教育"为哲学思维的各项"三声"文化教育活动,将会成为孩子们健康成长、快乐成才的人生舞台。

美哉滨江,道法自然!

(三)"天籁教育"的现实意义

首先,"天籁教育"对课程建设具有重要指导意义。也许你会说,学校已经拥有雅俗共赏的"三声"文化足矣,为何还要提"天籁教育"? 曲高和寡难道是为了标新立异吗? 其实并非如此,一是因为教育需要哲学思维,这一点前面已经讲过,二是因为"课程"。因为课程是教育的本质，素养的跑道，是教书育人的主要凭借，是学校文化实施的重要载体。没有学校文化，课程将是无源之水，但如果没有课程，学校文化将成为空中楼阁。"天籁教育"对于课程建设具有重要的指导意义，关于这一点，我们还会在第四章"课程体系"中具体阐述。

其次，"天籁教育"是一种特色学校文化，是学校发展的个性化战略，是特色办学的客观需要：

第一，特色办学是实现教育公平的需要。2017 年教育部在《义务教育学校管理标准》中指出：关注学校办学特色，加强学校学科建设，积极打造区域内学校不同特色。使区域内学校发展形成百花齐放的局面。可见，特色办学是教育均衡化发展的需要，我们强调教育公平，教育资源合理分配，决不意味着把学校办成千篇一律、千人一面，学校还是要办出特色和风格，才能促进教育均衡化发展，使广大人民群众都能享有高质量的义务教育，最大促进教育公平。

第二，特色办学是校长专业化发展的要求。教育部关于《义务教育学校校长专业标准(试行)》中指出：尊重学校传统与学校实际，提炼学校办学理念，办出学校特色。我认为有生存就会有竞争，学校发展也是处于竞争之中，"万类霜天竞自由"，竞争是一种常态。所谓特色办学就是一种"不对称战术"，教育之道，不可一成不变而守之，当以正固本，以奇为策，另辟蹊径，方能出奇制胜，校长要想带领学校在激烈的生存竞争中脱颖而出，就必须发展特色校园文化。所以，特色办学是校长专业化成长的一项必修课。

第三，特色办学是落实教育方针、核心素养的切入点、落脚处，是一种实践载体。各个学校地域不同、校情不同，因此教育的切入点也不同，这叫因地制宜，因校而异。

除此之外，特色学校文化作用还有诸如：塑造形象品牌，提升学校实力，增强师生自信，扩大对外交流，积累无形资产，促进改革创新，等等，所以，建设特色学校文化势在必行，无可避免。

特色学校文化有哪些特征呢？①独特性：我需我有、我有我精，我精我特；②先进性：理念居先、成就领先、品牌创先；③科学性：符合规律、契合目标、切合实际；④广泛性：人人参与、人人体验、人人尽享；⑤稳定性：经得考验、获得共识、保得稳健。

特色是如何呈现的呢？①拥有专长显著、理念新颖的校长；②富有个性独特、敢于创新的教师；③独有博学儒雅、才艺突出的学生；④持有长期积淀、不断发酵的文化。

总而言之,"天籁教育"不仅是国家教育意志的体现,是教育发展的客观需要,而且也是学校发展的一种个性化战略,是学校办学特色的体现。"天籁教育"不是搞噱头,而是作为教育哲学,引领我们追本溯源,明确目标,叩问价值内涵,指导开发"好声音课程",着力建设"书声琅琅、歌声嘹亮、笑声阵阵"的"三声"校园文化,努力培育"阳光、聪慧、博雅、多艺"的滨江美少年,让每一个孩子倾听生命天籁之声,感受教育的天籁之境,实现育人的神圣使命。

　　据了解,就目前全国范围来讲,以"天籁教育"为办学理念的学校仅此一家,别无雷同,可谓是我需我有,独具特色。

第 三 章

『天籁教育』的育人品质

"一方水土养一方人"。"天籁教育"脉延龙江流域历史文化资源，立足当代宏观文化架构，贴近儿童身心特点。我们给孩子的心灵花园种下真、善、美的种子，使他们拥山之德，怀水之志，充满向上的力量。我们欣喜地看到，在"三声"校园文化的引领下，阳光、聪慧、博雅、多艺的少年儿童在茁壮成长，"天籁教育"正焕发出独有的魅力。

俗话说："一方水土养一方人"，"天籁教育"脉延龙江流域历史文化资源，立足当代宏观文化架构，贴近学生身心特点，凝炼育人目标——拥山之德，怀水之志，成就阳光、聪慧、博雅、多艺的滨江美少年。"阳光、聪慧、博雅、多艺"成为"天籁少年"的四大素质支柱，本章主要介绍"天籁教育"的四大育人品质。

一、阳光美少年

阳光美少年具体目标：热爱生活，身心健康，富有爱心，乐观向上。

（一）争星少年

在教学楼与操场之间，有一条"星光大道"，记载着"滨江美少年"成长的印迹，寓意每一位滨江少年都能身心健康，全面发展，成长为"阳光少年"。"滨江美少年争星榜"评价以"阳光自信、健康开朗"为目标，以"知礼明行、自省激励"为手段，立足过程，帮助班级与家庭制定适合孩子的成长计划，寻求适合孩子教育的最佳方法。让孩子坚持从身边小事做起，让教师、家长关注学生的点滴进步，引导孩子经常反省自身的不足，不断向善向美，促使学生在点滴积累的实际行动中提高自身道德、艺术素养。

实施办法如下：让学生通过自己的努力，来获取"美少年银行"特制的"顶呱呱卡"，体验到成长的喜悦与幸福。在"滨江美少年争星榜"评价过程中，学生每积攒10枚绿色"顶呱呱卡"可兑换1枚橙色"顶呱呱卡"。如果攒满10枚橙色卡，可以向班主任申请通过表扬信的方式得到父母赠送的一份小礼物，也可以换取班级相应的班干部岗位一天的权限。班主任还可以根据自己班级情况自行设立奖励机制。学生干部、班主任、家长共同参与评价，通过日省、周评、月小结、季评、年度总评，引导学生健康成长。每个学期末，各班可依据同学们所攒的"顶呱呱卡"及综合考评，推荐表现最棒的孩子参加校级"滨江美少年"评选。学校在六一前夕开展每个年级的"十佳美少年"评选，把评选活动推向高潮，最后张榜公布在学校的"星光大道"上，让这些孩子成为学校的小明星,体验当"明星"的快乐。此项活动极大地鼓舞了全校学生,提升了文明素养。

(二) 文武兼擅

我校被福清市人民政府授定为"非物质文化进校园示范点",这一荣誉,得益于福建省非遗文化——宗鹤拳。

宗鹤拳是福建省非物质文化遗产之一,其创始人方世培出生于清道光年间,是福清镜洋西边村茶山自然村人。方世培自幼习武,通过观察狗鹤鱼虾等搏卫之态而创拳。宗鹤拳最大特点是"宗",技击上的特点是见力生力、见力化力、见力克力、见力弃力,注重意更注重气。方世培凭借深厚的功力和精妙的应敌招式,历次与人交手均占上风,技压群雄,成为一代宗师,扬名海内外。其传奇的武术生涯已入编《中国武术名人辞典》。中国近代著名文学家、翻译家林琴南曾跟随方世培习武,与方世培亦师亦友,将方世培的事迹及逸闻趣事写入《方夫子遗事》及《技击余闻》。如今,宗鹤拳文化在中国的台湾和香港、日本、美国、加拿大、俄罗斯、沙特阿拉伯等地开枝散叶,流传甚广。2009 年,宗鹤拳列入福建省非物质文化遗产保护名录,2014 年成为福清市十大城市名片之一,宗鹤拳在海峡两岸及海内外文化交流中享有盛誉,成为融台两岸文化交流的品牌项目。

2013 年 10 月,宗鹤拳文化走进滨江小学,成为学校建设"三声"校园文化的特色项目,与"书声""歌声"珠联璧合,相得益彰。学校聘请宗鹤拳第五代传人、宗鹤拳协会常务副会长方长灿为总教练,在学生中成立宗鹤拳社团,并开展阳光体育活动在全校推广宗鹤健身操。现在,每天的大课间活动,全校有三千多名师生同时展开宗鹤健身操,成为校园一道亮丽的风景线。练习宗鹤健身操已经成为师生每天必不可少的"营养餐"和"健康加油站",极大地丰富了滨小孩子们的校园文化生活。

以宗鹤拳文化为纽带,我们共开展了六届"融台青少年文化交流活动",架设起两岸青少年交流的桥梁。两岸青少年手牵手、肩并肩,共同推动宗鹤拳武术文化在台湾地区的交流和传播,不断升华"两岸一家亲"的民族情感。2016 年 10 月,"第五届融台青少年文化交流活动"在我校举行时,原国民党主席洪秀柱女士亲题贺信,感谢我校为两岸文化交流所作出的贡献。2016 年 11 月,国际武术联合会副主席、俄罗斯武协主席格列布穆兹鲁克夫率领代表团访问滨江小学,对非遗文化进校园情况进行调研,对小选手的精湛武艺极为赞赏。2019 年 10 月,我校又隆重承办"第六届融台青少年文化交流活动",恰逢学校宗鹤拳训练馆揭牌,闽台两地名流共同见证这一历史时刻,我校与台中海墘小学"手拉手"联袂演出,将宗鹤拳文化交流推向高潮。宗鹤拳文化已增进了两岸孩子们的了解互信,让他们明白两岸武术文化的同根同源,相承一脉,更坚定了他们要当好两岸文化传承小使者的信心,让两岸血脉亲情在自己身上薪火相传,永不熄灭。

二、聪慧美少年

聪慧美少年的具体目标:热爱学习,志向远大,敢于担当,勇于创新。

儿童的智慧在他的手指尖上。每一个孩子生来就有一个自然的愿望,要做事,要动手,对活动类作业具有强烈的兴趣,所以要发展学生的智慧,就必须从培养动手能力着手。2020年3月,中共中央、国务院印发《关于全面加强新时代大中小学劳动教育的意见》。《意见》强调,把劳动教育纳入人才培养全过程,贯通大中小学各学段,贯穿家庭、学校、社会各方面,把握育人导向,遵循教育规律,创新体制机制,注重教育实效,实现知行合一,促进学生形成正确的世界观、人生观、价值观。

(一) 强化认知,以知导行

劳动是人类智慧发展的重要因素,当人类的祖先生活在树上的时候,还处于一种蒙昧状态,只有当他们从树上下来,制造工具并从事生产劳动以后,才结束饮毛茹血的生活,迎来智慧的大发展,进化成真正意义上的人。美国学者杜威认为:"儿童身体上的许多器官,特别是双手,可以看作一种通过尝试和思维来学得其用法的工具。各种工具不妨看作身体器官的一种延伸,不过是工具使用次数的不断增长,开辟的一条新的发展路线,它的结果是那么重要,因而值得给予特别的重视。"①当前很多小学生存在劳动习惯差、劳动观念不强、对劳动果实不珍惜、对他人劳动成果不尊重,吃苦耐劳、克服困难的意志薄弱等缺点,通过劳动能培养孩子自理、自立、自强的独立生活能力和进取精神。只有在劳动实践中,才能培养孩子的智力,也只有劳动体验,才会培养珍惜劳动成果,养成勤俭、艰苦朴素的好作风。

---

① [美]杜威著,赵祥霖等译.学校与社会·明日之学校[M].北京:人民教育出版社,2005.

"天籁教育"遵循人类智慧发展的原生路径——用劳动教育夯实素质根基,指向儿童的全面发展。我们准确把握"劳动"的精神实质和时代内涵,发挥课堂教学主渠道作用,将"劳动"教育贯穿于教育全过程,用好德育教材,融入小学德育课程教学等教育环节之中。在学科教学、道德与法治、地方教材、校本教材等课程中深入发掘劳动教育资源,并渗透到相关教育教学中。课堂中重学练结合,引导学生明确劳动的意义及将要面对的挑战,针对劳动技能标准进行方法指导,创造条件指导学生体验劳动,促进学生劳动技能的形成,促进智慧的发展。

(二) 家校携手,习惯导行

在 2018 年 9 月 10 日召开的全国教育工作大会上,习近平同志强调必须培养德智体美劳全面发展的建设者和接班人,并且强调了劳动教育的重要意义。直面我们当前教育存在的重要缺失:忽视劳动对人的成长的重要意义。因为体力劳动对小孩子来说,不仅是获得一定的技能和技巧,也不仅是进行道德教育,而且还是引领儿童进入一个广阔无垠的、惊人的、丰富的思想的世界。这个世界激发着儿童的道德的、智力的、审美的情感,如果没有这些情感,那么认识世界(包括学习)就是不可能的。正是在体力劳动的过程中,形成学生的极重要的智慧品质:好奇心、钻研精神、思考的灵活性、鲜明的想象力等。

家长是孩子的第一任老师,家庭是实施劳动教育的重要场所。古人云:"一屋不扫,何以扫天下?"家务劳动不仅能够让学生掌握生活技能,锻炼学生生活自理能力,而且能提高孩子的思想品质。而家庭是劳动教育的重要载体,转变家长对孩子参与劳动的观念,发挥家长的积极引导作用,共同引导孩子参加力所能及的家务劳动,形成家校教育的一致合力,才能让劳动教育更有生命力。

通过调查我们发现学生不参加劳动并非他们不愿意劳动,而是有些父母不愿让学生参加劳动,连拖个地也以为学生干不了,稍重一点的活就怕学生累坏了身体,稍花点时间的活又以为会浪费时间、影响学生的学业,更不愿让学生参与。许多父母在上学期间包揽了所有家务,只让学生一心一意学习。这种观念是错误的,殊不知,从小劳动的人的生活比不会劳动的人要充实、幸福得多。应该让家长明白孩子做些劳动不仅不妨碍学习,反而可以促进更好地学习。身教重于言教,父母让学生觉得做家务是生活的一部分,像吃饭、睡觉一样的自然和必要。平时,我们会通过家长会、班级家长群等渠道,向家长宣讲劳动习惯养成的重要性,培养孩子的劳动习惯。

学生是家里的一员,当学生参加了一些家务劳动后,对家的感情就不一样。引导家长制订适当的劳动守则,因为规则作为共同遵守的生活规范和行为准则,常常是一种无声的命令,是潜在的强大教育力量,制订明确、合理、可行的家规,有利于培养自觉劳动的习惯,有利于学生的健康成长。

(三) 体验劳动,身体力行

不仅儿童的智慧在他的手指尖上,儿童的品格也在指尖上。在班队主题活动中,我们注重动手体验,各班主任先通过宣讲垃圾分类知识,通过图片、视频等方式,让学生直观地了解到生活垃圾分为哪四类、为什么要分类以及如何进行分类等,大家都听得十分认真细致。垃圾分类游戏环节,现场气氛十分活跃,学生在轻松愉悦的氛围中,不知不觉就掌握了垃圾分类的方法。在垃圾分类实践操作环节,为了领到奖品,每一位学生争分夺秒地把"绿厨厨、黄其其、红危危、蓝宝宝"分门别类,将整个活动推向了高潮。

让学生随集体参加公益劳动也是一条有效的教育途径。家长可以带学生参加社区组织的一些公益劳动,例如,参加春天的植树,夏天的灭蚊蝇,秋天的除草,或者带孩子到孤儿院、养老院做卫生等。这样不仅可以让学生养成劳动习惯,而且可以让他们在实践中练就劳动能力。

在 2020 年这个特殊的年份,一场疫情让孩子们拥有了一个超长的寒假。假期里滨小的孩子们除了上网课,还在老师的指导下开展了多种多样的体验活动,他们每天关注着各地区疫情的变化,语文老师组织孩子们参与各种征文活动,发现身边的"抗疫英雄",数学老师制作微课让孩子们感受大数据在疫情中的作用。美术老师让孩子们用画笔抒发对抗疫英雄的赞美。班主任鼓励孩子们参与家务劳动,整理自己的房间、家里的杂物间、书架等,他们总结出了各自整理的小妙招,空间利用、分类整理、统筹时间、使用频率都成了他们考虑的内容,在这个过程中生活成了他们的课堂,他们体会到了爸爸妈妈平时做家务的辛苦,建立起了更融洽的亲子关系,也培养起了自己的事情自己做的意识,提升了独立思考解决问题的能力。你能想到吗? 就单单一个拖地,孩子们发现不同的地面需要用不同的拖把、水中加入不同的溶液拖地的效果就不相同。厨房拖地要加入小苏打、洗洁精不容易脏,木地板拖地加入盐干得更快。生活是一本书,只有走进它的人才能读出这本书的美好,课堂又何必在教室里呢? 走出教室,处处皆是可以拿来体验的"智慧课堂"。

(四) 目标激励,成果导行

为了检验学生劳动的成果,我们每学期组织一次汇报活动,通过才艺展示,诗朗诵和照片展等途径来了解。也向家长问卷调查,了解学生在家劳动情况,以促进劳动教育行之有效地开展。

(1) 每周开展"四项评比"活动:自己的书包自己背、班级卫生自己做、自己的房间自己整理、自己吃的菜自己炒等劳动实践活动,每天一汇报,每周一评比,每月一表彰。

(2) 每个月积极开展"三个一"活动,即"学一项劳动技能、有一项劳动收获、参加一次公益劳动",让学生在活动中学本领,做主人,并以照片的形式记录下来,在班级中交流汇报。

(3) 每个学期安排一次劳动知识竞赛和劳动技能展示,评选出"劳动之星"。当教育回归劳动实践,学生的成长也就与生活紧密地联系起来,他们的生命力被唤醒,他们的创造力被激活,孩子心中有爱,眼中有光,手中有活,而我们的教育正大踏步地走向"天籁之境"。

三、博雅美少年

博雅美少年的具体要求:热爱阅读,见多识广,举止文雅,谦谦恭信。

腹有诗书气自华,培养博学儒雅的滨江美少年是我们的重要育人目标,我们主要通过读书教育来实现这一目标。苏霍姆林斯基认为:"课外阅读,既是思考的大船借以航行的帆,也是鼓帆前进的风。没有阅读,就既没有帆,也没有风。阅读就是独立地在知识的海洋里航行。我们的任务,就是让每一个学生尝到这种航行的幸福,感到自己是一个敢于独自闯进人类智慧的无际海洋的勇士。"[①]

在全国第九届青年教师阅读教学观摩课开幕式上,全国小语会理事长崔峦大声疾呼:"教师,要把推进儿童阅读作为份内之责,要做儿童阅读的点灯人。"当前,电子产品

---

① 〔苏〕B. A. 苏霍姆林斯基著,杜殿坤编译. 给教师的建议[M]. 北京:教育科学出版社,1984.

泛滥,书籍正面临着竞争,那些有好书供学生阅读的地方,书籍也会经常摆在书架上,成为"沉睡的巨人"。教育者的一项重要任务,就是在这场竞争中,要使书籍始终成为胜利者。只有在书籍成为儿童最有吸引力的精神需要的地方,才会有学习的愿望,这种愿望才能确立起来。学生在读些什么,是怎样读的,读后在他们的精神生活中留下什么痕迹? 这是一个十分重要的任务。

阅读能力直接关系到学生思维品质,而思维品质却是学习所有学科的关键。培养学生课外阅读,语文老师责无旁贷,各科教师必须协同配合,共同推进! 作为福清市首届"十大书香校园"之一,我们在已有经验的基础上又整体规划和建构了校本教材——《古诗文经典选读本》,我们科学选择内容,分层设定诵读目标:低年级"直面经典,不求甚解,从易到难,从少到多",高年级侧重"大量诵读,读入语境,感受情境",并通过举行各类活动,让学生在活动中展示自己的风采,在美妙经典的穿梭中体验阅读的幸福。

(1)"晨读经典"——书声琅琅,在书香中打开崭新的一天;

(2)"午间阅读"——积少成多,在书香中与大师进行对话;

(3)"课前一吟"——读而常吟,在书香中释放纯真的情怀;

(4)"古诗天地"——徜徉沃野,在书香中走入经典的殿堂;

(5)"子午书简"——培养情趣,在书香中呼吸学养的芬芳;

(6)"读书交流"——思维碰撞,在书香中催生萌发的智慧;

(7)"读书笔记"——读书留痕,在书香中感悟语言的内涵;

(8)"图书漂流"——资源共享,在书香中品味悦读的美好;

(9)"亲子共读"——促进亲情,在书香中追寻幸福的教育;

(10)"诵读比赛"——语言流淌,在书香中演绎经典的深博;

(11)"书画艺术"——墨韵挥洒,在书香中寻找多彩的童年;

(12)"节日诗会"——读诗会文,在书香中传承中华文化。

清晨,迎着朝霞漫步校园,耳畔传来琅琅吟诵之声,幽幽书香溢满校园,徜徉其中,令人心旷神怡。建设书香校园,我们已经坚持了十年,我们还要继续行走下去,让"雅言传承文明,经典润泽人生",让学生阅读的翅膀腾飞起来! 我相信,腹有诗书、口吐雅言的"天籁少年",必将成为内外兼修的优秀公民。

四、多艺美少年

多艺美少年的具体要求：热爱艺术，多才多艺，个性鲜明，卓尔多姿。

为践行"天籁教育"理念，培养滨江"多艺美少年"，学校从学生兴趣爱好入手，结合学校实际，开发"新六艺"课程（语艺、探艺、思艺、健艺、美艺、嘉艺），如火如荼地开展了丰富多彩的"走班大课堂"活动。每周五下午第三节，随着上课铃声的响起，三、四年级1300多名学生，背起小书包，依照自己兴趣特长，自主选择，有序进入重组"课堂"。插花、书法、编织、剪纸、服装设计、福清方言、少儿日语、手工制作等39门课程吸引着每一位学生。与此同时，学校成立红领巾社团，开设了体育、艺术、科技、围棋、武术五个领域含创客、3D打印、闽剧、时尚街舞、爵士舞、宗鹤拳等16个校本课程科目与模块，供学生跨年段选学，建构了富有特色的个性化的课程体系。活动项目实行双向选择，由教师自主开发课程，学生和家长自主选修，个性发展。除了根据学生接受的进度设置相应的普及班与提高班之外，每一个学科范畴的科目又体现了个性化、多元化、趣味性，这些新颖的科目犹如课程体系中的一朵朵奇葩，绽放"三声校园文化"的缕缕清香。

几年来，在指导老师的精心培育下，红领巾社团硕果累累，学生个人获得福清市级以上的奖项共有400多项，获得团体表彰的有60多项。田径队连续三届夺得福清市中小学生田径运动会团体总分第一名。我们依托校园文化，聚焦儿童成长，致力于艺术教育改革实践，使我们的孩子成为艺趣共生、卓尔不凡的"天籁美少年"。

（一）艺术育德，向尚向美

将每周一的升旗仪式展示环节开辟为"三声秀场"，采用班级轮番展演的方式，让孩子们自主展示"三声"才艺。指尖流淌的醉人乐曲，流出无限的美好与憧憬；歌喉舒展，唱出向上向善的唯美与和谐；轻盈点点的舞步，伴着架子鼓敲击的动感节奏，舞出孩子们炫彩的童年；"三声秀场"为学生创造了一个良好的展示平台，成为滨小少年展示特长、张扬个性、拥抱梦想的"百姓舞台"。

（二）艺术育智，全面发展

我们以"文化传承"为主旨，从国学经典中提炼文学故事编成剧本，如《诗经·鹿鸣》《曹冲称象》《孔融让梨》，通过唱一唱、演一演、评一评，渗透对中华优秀传统文化的认识与理解。同时引入国外的儿童经典文学著作，拓展多元知识结构，拓宽学生的感悟。学校图书馆内，大到整体的图书陈列，小到一架钢琴，几幅书画，一排盆栽，无不呈现着对阅读空间独有的设计和考究，创造充满艺术气质的氛围感受，用心打造一个充满童真童趣的创意阅读空间。

2018年秋天，年轻的滨江小学十年华诞，"印象滨江"文化艺术节将龙江流域文化移植到校园中，让师生感受母亲河文化，知晓福清遍地名胜及名人轶事，全新演绎了"天籁教育"的价值内涵。

(三) 艺术育健，阳光健康

我们以"舞动·健康"为主线，开展了一系列阳光体育运动，让全校师生走出教室，走进操场，走到阳光下，参与到运动中去。我们还根据学生的身心特点，将非遗文化宗鹤拳创编成具有现代气息的健身操，配上节奏明快的旋律，让学生在铿锵悦耳的音乐中"翩翩起武"，极大地调动了孩子们参与运动的热情，操场上回荡着孩子们爽朗嘹亮的笑声。

2017年7月，我校参加福建省小学生"五人制"足球联赛，足球队的"追风少年"以崭新的姿态，在绿茵场上风驰电掣，荣获"鲁能杯"青少年足球赛亚军，学校荣获"全国足球特色学校"称号（见图3-1）。

图3-1　2017年我校足球队荣获"鲁能杯"青少年足球赛亚军

(四) 艺术育情,个性张扬

学校从音乐基础课程中拓展开来,以"声音"为基线开展"悦动·自然"音乐课程,让学生根据需要采集自然界中的各种声音,并编辑成一首自己喜欢的曲子;还开设"听音辨物"课程,例如,听一段音乐,将自我的感受以绘画的形式描绘出来,等等。调动学生的五感,打开想象的思维,激发学生的学习热情,去探索发现,思辨趣学,在知识的星空中自由飞翔,成为动静皆宜的俊雅少年。

2014 年,学校 30 名舞蹈队员携《花好月圆》参加央视少儿频道新春特别节目录制,"滨江美少年"不负众望,以高雅的气质、曼妙的舞姿征服了评委,先后通过四轮节目审核,荣膺"舞蹈类金奖",顺利进入央视少儿频道"春晚"录制现场,向全国亿万电视观众展示"福清娃"的艺术风采(见图 3-2)。

图 3-2　2014 年我校舞蹈队《花好月圆》参加央视少儿频道新春特别节目录制

"天籁之声"合唱团三届蝉联福州市"小茉莉合唱节"比赛金奖,2018 年荣获省赛金奖,并在第七届海峡两岸合唱节上展演。2019 年 7 月,合唱团出征广东肇庆,首次在全国赛场上亮相,荣获"第七届中国童声合唱节"铜奖第一名。

2017 年,在"童心耀港庆回归"国际青少年才艺大赛中,"三声"文化艺术团选送的节目川剧《变脸》、古典舞蹈《莲韵芙蓉》,以绝美的编排、精湛的演技征服了评委,荣获金奖。

　　给孩子的心灵花园种下真、善、美的种子,使他们充满向上的力量。我们欣喜地看到,在"三声"校园文化的引领下,"阳光、聪慧、博雅、多艺"的"天籁少年"在茁壮成长,"天籁教育"正焕发出独有的魅力。

第 四 章

"天籁教育"的课程体系

让每一个孩子感受生命的天籁，是学校课程的核心理念。在这里，课程即生命美学，是曼妙的诗篇；在这里，课程即美好期待，是儿童成长的礼物；在这里，课程即自然生长，是跳动的旋律；在这里，课程即文化追寻，是成长的印迹。学校是美好事物的荟萃地，尊重儿童的个性需求，设计丰富多彩的课程，让孩子们找到属于自己的世界，让书声琅琅、歌声嘹亮、笑声阵阵，让每一个生命沉浸于天籁之声。

课程体系是基于当地和本校的实际情况，立足特定的学生群体，对本校的课程设计、实施、评价等进行全面的谋划和建构。近几年来，我校将课程建设作为工作重心深入推进，在课程开发方面进行大胆的改革和尝试，初步构建了"好声音"课程体系，增强了课程对学校和学生的适应性，希望能够让学生享受课程，让课程成就学生。

一、感受生命的天籁

　　课程哲学是学校课程建设的目标和价值追求，是学校课程文化内涵的个性化解读。我们以"滨江融智　三声播远"为办学愿景，以"诗书养德　礼乐致和"为育人途径，首创"三声"文化，构建校园文化体系，培育"阳光、聪慧、博雅、多艺"的天籁少年。基于"三声"文化理念和"天籁教育"哲学思维，我校的课程理念确定为：让每一个孩子感受生命的天籁。我们将学校课程模式命名为"好声音"课程。其具体内涵如下：

（一）课程即生命美学

　　童年是人生最美好的一段生命历程，童年生活应当是曼妙的诗篇。我们应当尊重孩子的个性需求，设计丰富多彩的课程，让孩子们找到属于自己的世界，让童言无忌，让童心飞扬，让童年难忘。

（二）课程即美好期待

　　学校应该为汇聚美好事物的中心，让不同个性的儿童拥有同样美好的期待。在这里，遇见成长中的关键人物、关键事件、关键书籍和关键知识。课程是带着生命期待的知识，是与自然、与世界的美好邂逅。一句话：课程是一所学校给予儿童最好的成长礼物！

(三）课程即自然生长

童年似一杯浓浓的咖啡，暖到心窝；童年似一杯淡淡的清茶，让人回味；童年似暴风雨后的彩虹，炫丽无比；童年似晚霞后的余光，让人怀念；童年似弯弯的小路，让你成长……课程要让儿童变得放松，让孩子们感到静悄悄的生长。让他们回想起看似遥远却近在咫尺的梦；回想起雨中那跳动的旋律；回想起摔倒时，有一种力量在激励着自己；回想起在蓝天下放飞纸飞机……这就是成长——自然的生长！

（四）课程即文化追寻

童年是人生最珍贵的东西，它是你一生的开始，拥有它你就拥有一生。学校要为孩子的成长提供有品位、有特色的校园文化，要让孩子们展现自己最为精彩的瞬间，让校园处处展现孩子们的生命活力与成长过程，让每一个孩子都能在校园里找到"自己"，要让儿童在这里追寻成长的文化印迹。

总之，好学校应该书声琅琅、歌声嘹亮、笑声阵阵，应该让每一个生命沉浸天籁之声。我们期望，孩子们循声走进校园，智慧在这里生长，生命在这里绽放。这里，将给孩子们一个天籁般的童年。

二、最好的成长礼物

学校课程是为育人目标服务的。确立学校课程目标，必须首先明晰学校的育人目标。我校的育人目标是：阳光、聪慧、博雅、多艺的"天籁少年"，这是所有课程开发和实践活动的出发点和归宿点，对课程建设起提纲挈领的作用。

（一）课程目标的方法论

根据拉夫尔·泰勒提出的教育目标"二维分析坐标表"表述法，即教育目标的表述"既要陈述会在学生身上形成的行为种类，又要陈述与完成该行为相应的内容或领域"，也就是把要求学生的行为变化（知识、技能的获得，能力、态度的形成）与引起行为变化的内容，以逻辑对应的方式、详尽的表格表述出来。泰勒认为，这种"二维分析坐标表"以图表的形式表述目标的行为与内容两方面，既明确具体，又具有由浅入深、由简单到复杂、由低级到高级的层次累积性，有助于为后面各环节的课程编制和教学的实施提供具体明确的指导。①

(二) 课程目标的具体表述

基于上述育人目标,参照国家课程方案、各学科课程标准和学校实际情况,我们形成分年级的课程目标(见表4-1)。

表4-1 课程目标表

	博雅: 广胸襟,雅气质	聪慧: 爱读书,能探索	阳光: 喜运动、乐生活	多艺: 会审美,有情怀
一年级	知道什么是梦想;感受父母之爱,尊敬老师,团结同学,爱班级、爱学校;认识国旗、国徽,会唱国歌,知道国庆节。	喜欢学习,初步体验学习的快乐;培养良好的读书习惯、书写习惯、听讲习惯、自觉完成作业的习惯等。	学习适应学校生活;积极参与体育锻炼活动,感受到体育活动给自己的生活带来的乐趣;会玩一到两项体育运动游戏;达到国家体质健康测试标准。	自己会穿衣服,系红领巾,系鞋带,能主动整理书包和文具;言谈举止文明,喜欢艺术活动,喜欢画画,初步感知律动。
二年级	能够初步表达自己的梦想;感受父母无私的爱,懂得孝顺父母,体谅老师,不给老师添麻烦;帮助同学,爱班级、爱学校;知道国旗、国徽上五星的含义。认识祖国的版图,了解家乡在祖国的地理位置。	喜欢学习,初步体验学习的快乐;能就感兴趣的事物仔细观察,并学会提出问题,具有探索的意识;喜欢阅读绘本和浅显的童书,努力养成良好的学习习惯。	适应学校生活;积极参与体育锻炼活动,感受到体育活动给自己的生活带来的乐趣;会玩一到两项体育运动游戏;初步掌握简单的体育技术动作;达到国家体质健康测试标准。	能保持衣着整洁,言谈举止文明,喜欢艺术活动,能初步感受艺术活动给自己带来的愉悦情绪;形成基本的生活自理能力,具有一定的生活自理能力。
三年级	能明确描绘心中的梦想,为自己的梦想制定计划;开始学习关心父母,体贴父母;爱老师,愿意帮助同学,为班集体争光,热爱学校;了解中国梦的含义。	喜欢学习,有主动学习的愿望;能就感兴趣的事物仔细观察,学会提出相关问题,并勇于探索,同时能和伙伴进行简单的合作学习;喜欢阅读整本书,初步养成良好的学习习惯。	学会适度发泄情绪和控制情绪,保持良好的人际关系;培养参与体育运动的兴趣和爱好;养成坚持锻炼的习惯,形成健康的生活方式;基本掌握1~2项体育技能;达到国家体质健康测试标准;树立不怕吃苦的意识。	衣着整洁,言谈举止文明;对艺术课感兴趣,乐于参加艺术活动;对艺术和自然生活中的美感兴趣,努力培养兴趣爱好;初步养成良好的生活习惯。

---

① 罗明东.泰勒课程编制原理研究[J].高等师范教育研究,1990,(2):21—28,9.

	博雅： 广胸襟，雅气质	聪慧： 爱读书，能探索	阳光： 喜运动、乐生活	多艺： 会审美，有情怀
四年级	能从各行各业优秀人物身上感受到梦想的力量，进一步清晰自己的前进方向，并能制定一个个阶段性目标；学会向父母表达爱，学会向老师表达爱，能自觉维护班级荣誉，能维护学校荣誉。	喜欢学习，有主动学习的愿望；对学习和生活中的问题充满探索欲望，能有目的地搜集资料，勇于实践，勇于探索，并能和伙伴开展一定程度的合作学习；喜欢阅读，基本养成良好的学习习惯。	自信，阳光，学会适度发泄情绪和控制情绪，拥有良好的人际关系；培养参与体育运动的兴趣和爱好；养成坚持锻炼的习惯，形成健康的生活方式；基本掌握 1—2 项体育技能；达到国家体质健康测试标准；发扬吃苦耐劳的精神。	衣着整洁，言谈举止文明；对艺术课感兴趣，积极参加艺术活动，形成自己的兴趣爱好；能初步发现和感受艺术和自然生活中的美；生活习惯良好。
五年级	能用行动编织个人梦想，在践行梦想的过程中遇到挫折不放弃，继续坚持自己的前进方向；能为父母做一些力所能及的事情；强化规则意识，懂得按规则办事的重要性；开始关心国家大事。	喜欢学习，有强烈的主动学习的愿望，形成一定的自主学习能力；热爱科学，能主动发现学习和生活中的问题，能通过搜集各种信息，开展探究性学习，能主动和伙伴开展一定程度的合作学习；喜欢读书，具有一定的阅读速度。	自信阳光，能管理自己的情绪，如果遇到生活中的困惑，能主动寻求学校老师或心理辅导机构的帮助；积极参加体育活动，动作协调，体魄强健；掌握3—4 项体育运动技能，达到国家体质健康标准；发展 1 项体育特长项目；初步具有坚韧不拔的意志。	衣着得体，言谈举止文明优雅；爱上艺术课，积极参加学校和社会的艺术活动，有一定的艺术特长；能发现和感受艺术和自然生活中的美，有一定的审美能力；热爱生活。
六年级	知道中国梦和个人梦的关系；懂得我的梦想我担当；在追梦的过程中具有坚毅品格；能维护班集体和学校利益；关注国家大事，关心民族前途和命运。	喜欢学习，有强烈的学习愿望，有一定的自主学习能力；热爱科学，乐于探索学习和生活的问题，并能通过搜集各种信息整合信息，开展调查、实践等活动，并能主动和伙伴开展一定深度的合作学习；喜欢阅读多种类型图书，具有较强的阅读能力，养成良好的学习习惯。	自信阳光，能管理自己的情绪，并能做到换位思考；能充分了解自己，并对自己的能力作出适度评价；积极参加体育活动，动作协调，体魄强健，形成健康的体育锻炼习惯和生活方式；掌握 3—4 项体育运动技能，达到国家体质健康标准；发展 1 项体育特长项目；具有坚韧不拔的意志。	衣着得体，言谈举止文明优雅；爱上艺术课，积极参加学校和社会的艺术活动，有一定的艺术特长；能发现和感受艺术和自然生活中的美，有一定的审美能力；具有较强的生活能力，热爱生活，并能创造美好生活。

三、遇见"好声音"

为了实现上述课程目标的要求,我校着力构建"好声音"课程体系,努力让每一个孩子感受生命的天籁。

(一) 学校课程逻辑

学校课程建构是有逻辑的架构体系,从教育哲学出发,建构课程理念、课程结构、课程实施及课程评价的整体过程。以下是我校的课程逻辑图(见图4-1):

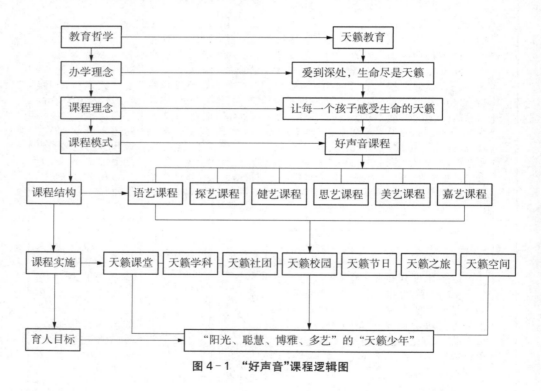

图4-1 "好声音"课程逻辑图

(二) 学校课程结构

根据学校教育哲学及多元智能理论,我们将学校课程分成"语艺课程、探艺课程、健艺课程、思艺课程、美艺课程、嘉艺课程"等六大类（见图4-2）。

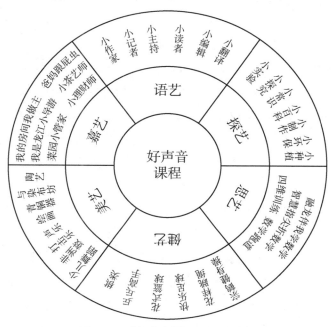

图4-2 "好声音"课程结构图

1. **嘉艺课程：自我与社会课程**

此类课程主要涉及品社等基础型课程和文明礼仪教育、性别教育、生命教育以及职业体验、劳动技术、社会实践和服务等领域，如龙江小导游、我的房间我做主、小厨师、小点心师、菜园小管家、小园艺师、小理财师、小鬼当家等课程。本课程把学生的社会实践、个性发展、职业启蒙和创新能力培养等有机整合，让学生通过实践活动和亲身体验培养合作精神、公民意识和社会责任感，让学生掌握基本的谈吐、举止、服饰等个人礼仪，掌握在家庭、校园、公共场所等社会生活领域的礼仪，养成文明礼貌的行为习惯。

2. **语艺课程：语言与表达课程**

此类课程主要涉及语文、英语等学科及其综合呈现的领域，包含语文课程群、英语课程群，既涵盖语文、英语等基础型课程，也包括绿意悦读、青篱古趣、墨海泛舟、精品阅读、小主持、小翻译等拓展型课程。这些课程结合不同年龄段学生的身心特点，引导学生广泛接触各类文学作品,提高学生的文学素养,培养学生的阅读欣赏能力,增强学生的交流能力,实现情感熏陶、形象感染,最终使学生成为精神丰富、人格高尚的人。

3. 探艺课程:科学与探索课程

此类课程包含自然课程群、科技教育课程群等,主要涉及自然、信息科技等综合科学学科领域。学校积极落实基础型课程中的自然、科技信息等相关课程,开设创客空间、3D打印、小常识、小百科、小制作、小环保、小种植等课程。重点创设创新实验室,开发"乐高机器人"课程和3D打印课程,通过让学生亲历科学探究活动,引导学生发现问题、提出质疑、探索反思,激发学生对科学研究的兴趣,掌握基本的科学研究方法,让学生在实践中解决问题、增长智慧,为学生提供广阔的科技实践研究平台,促进学生创新精神与实践能力的发展。

4. 思艺课程:逻辑与思维课程

此类课程包含数学课程群、思维课程群等。教材只是信息资源与媒介,在学习活动内容中,要让这有限的资源投入到学生头脑资源的广阔天空中去。基于这样的目的,我们尝试运用现代课程理念重新审视、分析、研究、思考现行教材的合理性,进一步贯彻新课标的相关精神,对教材进行局部调整、优化组合、扩充资源:低年级开展"融龙伴我玩数学",使学生在愉悦中学习数学;中年级开展"融龙伴我学数学",使学生在体验中感悟数学;高年级开展"融龙伴我悟数学",使学生在思维的深度与广度上得到长足的发展。通过每日一题、每日一问、数学跑道、数学园地等活动,发挥学生的主体性,引导他们寻找身边的数学,把握生活中的数学,增强数学意识,使数学与生活、学校与社会互补共进。

5. 美艺课程:艺术与审美课程

此类课程包含音乐课程群、美术课程群、综合艺术课程群,主要涉及美术、音乐等艺术领域。学校扎实推进基础型课程中的音乐、美术课程,创新开发拓展性和探究性课程中的艺术类课程,基于学生发展的需求,开设少儿舞蹈、声乐、民乐、书法、威风锣鼓、非洲鼓、打击乐等多项艺术课程,为学生提供艺术课程菜单,自主选择感兴趣的艺术课程,把基础型课堂教学和拓展型社团活动相结合,激发学生对艺术的热爱,提高学生的艺术教养与审美素质。

6. 健艺课程:运动与健康课程

此类课程包含体育课程群、心理辅导课程群等,主要涉及体育、心理辅导等学科领域。学校对国家规定课程进行补充、拓展和整合,关注每一个孩子的个体差异与不同需求,关注每一位学生的身心健康发展,根据不同学生的需要开发多种形式的课程,包括球类、棋类、宗鹤拳、花样跳绳等各类体育课程以及心理辅导课程,以社团活动为主要途径,分年级、分步骤有效落实,推动学生身心素养的提升,为学生的健康发展服务,为学生终身体育意识的形成奠定基础。

(三) 学校课程图谱

依据上述六大类课程,整体设计六个年级的课程体系,具体如下(见表4-2):

表4-2 课程图谱

类别 \ 年级	嘉艺课程	语艺课程	探艺课程	思艺课程	健艺课程	美艺课程
一年级	走近中国近代伟人	趣味识字·幸福成长	妙趣计算	玩转·七巧板	追风少年	翰墨学堂
	舌尖上的福清菜	绿意悦读	趣味拼法	口算小达人	羽坛小健将	走近画家
	打开中国传统节日的大门	小小朗读者	趣味科技节	脑筋急转弯	拉丁(恰恰)	染布欣赏
	绿色低碳伴我行	读书节,享乐于书	方块世界	园林植树	趣味体育	走近童话剧
	知书达"礼"	我型我show	玩转七巧板	奇幻五子棋	足球文化节	我的舞台
	童趣外语节	小小英语口语之星	百变魔尺	乐高世界	宗鹤健身操	合唱之趣
		Foreign teacher 日常口语	纸牌游戏			妙笔生花
二年级	走近中国近代伟人	对话智者,与经典同行	明七暗七	玩转·七巧板	追风少年	翰墨飘香
	舌尖上的福清菜	精·品·悦·读	五连方	心算小能人	羽坛小健将	走近音乐家

年级＼类别	嘉艺课程	语艺课程	探艺课程	思艺课程	健艺课程	美艺课程
	打开中国传统节日的大门	小小朗读者	信用卡的奥秘	九宫格的传说	拉丁（恰恰）	青铜鉴赏
	绿色低碳伴我行	读书节，享乐于书	水缸里的数学问题	弈趣围棋社	趣味体育文化节	走近童话剧
	知书达"礼"	我型我 show	台湾力瀚科学	绘声绘色	足球文化节之始于足下	我的舞台
	童趣外语节	小小英语口语之星	曹冲称象	乐高世界	威风锣鼓	合唱之趣
		Foreign teacher 日常口语	变幻莫测		宗鹤健身操	妙笔生花
三年级	走近中国当代伟人	轻叩诗歌大门	巧算数式	玩转·纸牌	足球小将	翰墨飘香
	光饼飘香	精·品·悦·读	我形我塑	乘法小达人	篮球小王子	走近民艺大师
	畅游传统佳节	小记者团	周长之趣	巧解孔明锁	拉丁（伦巴）	当青铜器遇上染布坊
	绿色低碳伴我行	读书节，书香远飘	面积之趣	分数挑战赛	活力体育文化节	金话筒小唱将
	快乐外语节	"I can read beautifully"	科幻未来	畅所欲言	足球文化节之神气十足	天籁合唱
	游学之旅	Foreign teacher 绘本阅读	小鬼当家	象棋争霸赛	南少林宗鹤拳	巧手剪纸
			魔方小站			竹韵画社
四年级	走近中国当代伟人	青篱古趣	格子乘法	玩转·纸牌	足球小将	翰墨风骨
	福清小吃，香飘海外	精·品·悦·读	天文数字	我是计算超人	草原上的高尔夫绅士	走近舞蹈家

类别\年级	嘉艺课程	语艺课程	探艺课程	思艺课程	健艺课程	美艺课程
	畅游传统佳节	新闻发布会	数字新闻	纸上谈兵	拉丁（伦巴）	歌剧欣赏
	绿色低碳伴我行	读书节，书香远飘	科幻未来	小数挑战赛	体育文化节	金话筒小唱将
	快乐外语节	"I can read beautifully"	走进大自然	急中生智	足球文化节之神气十足	天籁合唱
	游学之旅	Foreign teacher 诗歌朗诵	数字编码	象棋争霸赛	威风锣鼓	快乐剪纸
			韩信分油	魔方小站	南少林宗鹤拳	竹韵画社
			势均力敌		扬帆起航	鼓乐铿锵
五年级	走近世界近代伟人	墨海泛舟	埃及分数	玩转·数独	足球王者	翰墨风韵
	烹调福清菜	精·品·悦·读	相亲数	简便计算能手	高原上的 golf 绅士	走近古典三杰
	佳节拍案惊奇	邂逅汉字王国	成算于心	三维透视	拉丁（斗牛）	闽剧欣赏
	我是小小升旗手	读书节，畅游书海	科幻梦工厂	制图设计师	魅力体育文化节	滨江好声音
	绿色低碳伴我行	畅读英语绘本	机器人与编程	能言善辩	足球文化节之捷足先登	天籁之声合唱
	魅力外语节	"I can act funny"	魅力数据	韩信点兵	武舞对弈	灵魂画手
	游学之旅	Foreign teacher 短篇阅读	打电话中的数学	唇枪舌战	宗鹤高手	彩陶轩
	走近龙江			扬帆起航		妙手剪纸
						威风锣鼓

类别 年级	嘉艺课程	语艺课程	探艺课程	思艺课程	健艺课程	美艺课程
六年级	走近世界当代伟人	对话智者，与经典同行	兔子系列	玩转·数独	足球王者	翰墨流长
	烹调福清菜	精·品·悦·读	稳操胜算	简便计算专家	高原上的golf绅士	走近古典三杰
	佳节拍案惊奇	小演说家	巧解24点	车轮一定是圆的吗	拉丁（斗牛）	京剧欣赏
	小小升旗手	读书节，畅游书海	科幻梦工厂	柏拉图的立体	魅力体育文化节	滨小好声音
	走进博物馆	趣读英语著作	机器人与编程	方程大战	足球文化节之捷足先登	天籁合唱
	绿色低碳伴我行	英语趣配音	笛卡尔坐标系	百家争鸣	武舞对弈	灵魂画手
	魅力英语节	Foreign teacher 日常写作	钟表上的数学	博弈少年	宗鹤高手	彩陶轩
	游学之旅			指尖智慧折数学		随心剪欲

四、多维途径推进课程建设

　　课程实施与评价体现了对课程理念的贯彻与执行，是一个行动的过程，是通过课程行动将课程的意识形态转化为老师和学生的行动，从而实现课程内在的意义。我校从"天籁课堂""天籁学科""天籁社团""天籁节日""天籁文化节""天籁之旅""天籁空间""天籁项目"等方面入手践行"天籁教育"理念，推进学校课程深度实施。例如，学校以"天籁学科"来推进学科拓展课程的建设。"天籁学科"是教师围绕国家基础课程自主开发的、基于儿童需求、指向学科核心素养、突出学科特点的、更加多彩更加融合生活的学科课程群。

(一)"天籁课堂"的建设路径

"天籁课堂"是有效保障课程校本化实施的主要途径。什么样的课堂是天籁课堂？我们认为，"天籁课堂"要求学科教师首先要善于利用学科特点激发孩子的天籁童趣，保护孩子的天籁童心；其次要善于引导学生自主探究，提升学生的思维品质；最后要善于引导学生建立一个学习的场，通过各种互动让学习真正发生。

1."天籁课堂"的声音样态

我们认为，"天籁课堂"应该具备三种声音（见图4-3）。

第一声：畅读畅言声——自由吸纳和表达。仰观宇宙之大，俯察品类之盛，在书香中愉悦身心，识文觅趣。

第二声：下笔沙沙声——实践操作。智慧缘于指端，让学生动手动脑，使智慧与心灵交融，实现成长与跨越，奋笔书写自己的精彩人生。

第三声：花开拔节声——启蒙升华。启迪心智，拔节思维，倾听位于最近发展区的思维成长的声音，可谓是无声胜于有声。通过开发"天籁"课堂文化，创设充满生命力的开放性课堂，让学校文化接地气，显得更为厚实，更具饱满的力度。

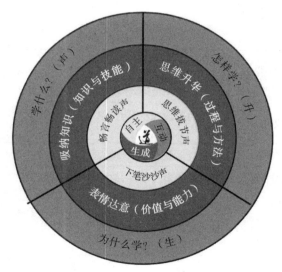

图4-3　天籁课堂"三声"结构图

2."天籁课堂"的实践操作

"天籁课堂"应该是灵动的、生成的、生本的课堂。"自主""互动"和"生成"是"天籁课堂"的三大主要特征。天籁课堂中,教师的课堂教学方法、教学手段、教学的预设与思维灵活,学生学习的过程主动互动、轻松快乐,学生的学科素养得到有效提升。师生从课堂中能得到愉悦、幸福和满足,得到自我的充分发展与自由,得到唯独人才拥有的一种最高享受。

"天籁课堂"课前有期待,课中有乐趣,课后有回味。在操作上,"天籁课堂"关注六个要素。①教学目标:饱满。包含多维教学目标,而不仅仅是知识目标。②教学内容:丰富。饱含多样化的生成性内容。③教学过程:立体。不限于平面化的纸质学习,过程立体活跃。④教学方法:灵动。根据教学实际,采取多样生动的教学方法。⑤教学评价:缤纷。运用多元评价方法,而不仅仅是纸笔测验。⑥教学文化:激励。给学生充分的思考空间,鼓励孩子,温暖生命。总之,追寻教育本然,解放学生潜能,点燃求知之火,使课堂充满生机,使学生获得真正意义的生命成长。

3. "天籁课堂"的评价标准

"天籁课堂"教学评价包括教与学两个方面,主要包括:教学目标是否饱满、教学内容是否丰富、教学过程是否立体、教学方法是否灵动、教学评价是否缤纷、教学文化是否具有激励性(见表4-3)。

表4-3 "天籁课堂"的评价标准

评价内容	一级指标	二级指标	A	B	C	D
饱满的教学目标(10分)	目标设置	教师"导"的思路清晰,学生"学"的目标明确。				
	层次划分	体现知识与技能、过程与方法、情感与态度、能力与素质目标。				
丰富的教学内容(20分)	环节设计	课前预学有体现,课堂容量大,课堂练习有梯度。				
	时间分配	学生有足够的参与活动、自主学习的时间。				
	教学形式	采用多种多样的形式呈现教学内容。				
立体的教学过程(20分)	内容选择	教学容量适度,重难点把握准确。				
	呈现方式	能有效地整合三维目标,突出能力培养。				
灵动的教学方法(20分)	师生互动	师生有激情,课堂气氛和谐,具有学术研究氛围。				
	学生参与	学生思维活跃,多种感官参与学习过程,能愉快地获得新知。				

评价内容	一级指标	二级指标	A	B	C	D
	教法优化	教法设计合理,教学方式多样化。				
	学法指导	指导学法得当,体现自主学习、探究学习、合作学习方式。				
缤纷的 教学评价 (20分)	评价方式	多样化,具有激励、关怀、导向的作用。				
	评价主体	教师、学生(互评、自评)。				
	评价策略	在教学的不同目标领域选用不同的方法对学生进行评价。				
激励的 教学文化 (10分)	学生主体	尊重学生的主体性,关注学生多方面、多层次的需求,因材施教。				
	师生互动	建立师生平等、和谐的课堂气氛,建立师生互动、共同探讨的教学模式。				
总评						

等级设置:总分85分以上为A;75—85为B;60—75为C;60分以下为D。

(二)"天籁学科"的建设路径

建设"天籁学科",我校从两个方面入手:一是通过挖掘学科内部或学科之间的逻辑来构建学科课程群;二是充分利用地域特色来渗透多门学科。各学科教师基于特色追求,根据对学科的独特理解、独特优势、独特资源,开发、打造学科拓展课程群。目前,我们共开发多彩语文、玩转数学、天趣英语、创意美术、灵动音乐、活力体育、阳光心理七大课程群。

1."多彩语文"课程群建设

(1)课程理念

语文是一首多彩的诗,诗中有厚重的文化色彩;

语文是一部多彩的书,书中有丰富的人生色彩;

语文是一幅多彩的画,画上有缤纷的大自然色彩。

多彩语文课程群从新课程改革的原点出发,以课改精神为指引,以"整合""重构""拓展""优化"为手段,紧扣语文学科核心素养的"语言建构与运用、思维发展与提升、文化传承与理解、审美鉴赏与创造"四个层面,以小学语文基础型课程为基点开掘拓展型课程。旨在提高学生学习语言、应用语言的兴趣,提升学生语用能力和语文综合素养,建构具有生命活力与个性的语文"天籁学科"课程。

图4-4　多彩语文课程结构图

（2）课程结构

我们的多彩语文课程依据《小学语文课程标准（2011年版）》《中国学生发展核心素养》,扎根统编教材,打通基础型课程向拓展型课程的延伸渠道,以课程目标的落实为主旨,努力构建"天籁"课堂,打造课程体系。具体分为：金声玉振——经典诗词课程、绿意悦读——整本书阅读课程、青篱古趣——小古文课程、墨海泛舟——快乐习作课程、橙现缤纷——语文实践课程五大板块（见图4-4）。

（3）课程实施

① 金声玉振——诵经典课程

"金声玉振"一词出自《孟子·万章下》："集大成也者,金声而玉振之也。"比喻音韵响亮、和谐,也比喻人的知识渊博,才学精到。历经千百年岁月淘洗而流传下来的"经典诗词"著作,不但是汉语言文学的典范和精华,更是中华民族的精神和品格载体。历代名篇佳作内涵丰富、词句优美,韵律和谐,就像一条幽径,引领学生进入精神世界的广阔之地,常诵经典诗文,语文核心素养能得到全面提高。

诵读经典诗词,让孩子从小就有了与圣贤们直接对话的机会,汲取博大精深的思想精髓。我们以统编教材经典名篇为经,以《日有所诵》为纬,引导学生诵读古今经典诗文,在学习中传承,在传承中创新。我们保障每天20分钟的诵经典时间,坚持每日三诵,每课一读,每月一查,每学期一赛,每学年一演。

"天籁教育"追求纯粹、灵性、美好的教育境界。聆听智者的智慧和心跳,静享圣贤的天籁,安顿学生的心灵,让内心更有力量、更有自信地前行。

② 绿意悦读——整本书阅读课程

"红情绿意知多少,尽入泾川万树花。"宋代诗人文同的《约春》为我们展现了生机盎然的春意。整本书阅读能力作为语文素养的重要组成部分,如同生命的绿意,焕发着精神上的长青和蓬勃的力量。

我们以统编教材"快乐读书吧"推荐书目为主,为学生推荐适宜的书籍,分阶段开设导读推介课、阅读推进课、品读赏析课、主题交流课,并开展阅读延伸活动,例如,引导观看同名电影,或选择其中的小故事排演话剧,或阅读同类题材的儿童文学作品进行比较等,指导学生掌握整本书阅读的策略方法,从基础阅读、检视阅读、分析阅读、主题阅读这四个层次培养有深度、有厚度、有高度的阅读(见图4-5),习得小学生必备的阅读能力,提升学生的阅读素养。让整本书阅读绿意葱茏,涌动着生命的活力,飘逸着浓郁的文化芬芳。

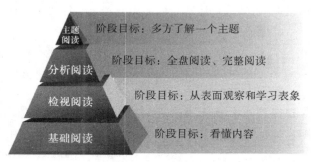

图4-5　阅读的四个层次

③ 青篱古趣——小古文课程

《红楼梦》第十七回中写道:"里面数楹茅屋,外面却是桑、榆、槿、柘,各色树稚新条,随其曲折,编就两溜青篱。""青篱"即青色的篱笆。小古文相对于现当代中外童话、散文、小说等文学作品来说,如同青篱之于红墙、铁栅,别有一番古味古色,它承载着中华五千年历史文化的厚重,滋养过无数的炎黄子孙,有其无可取代的价值。

小古文课程旨在以文载道。我们甄选经典、多样、有梯度的小古文,每周安排一课时,通过每日晨诵、专题学习、研讨展示、教学拓展等途径,让学生浸润小古文,从中汲取生活的经验与智慧,帮助学生形成积极乐观,善良向上的品格,成为博雅多艺的天籁美少年(见图4-6)。

图4-6　小古文课程的意义

④ 墨海泛舟——快乐习作课程

我手写我口,我手写我心。我们立足统编语文教材,遵循学生的认知规律,搭建平台,营造"真实语境"氛围,激发写作动机,设计以"表达本位"为取向,融阅读、口语交际、综合实践内容、微电影、其他学科等为一体的快乐写作系列课程。让学生在前后衔接、螺旋上升的快乐写作中提升品位,提高素养,感受语言文字的清香和魅力,徜徉在文字的海洋。

我们创设多样有趣的课型,如观察课、活动课、表演课等(见表4-4),并融合其他学科,来丰富学生的生活经验。本课程每个阶段均设置"头脑风暴"思维训练游戏,让孩子的思维在横向上能展开画面,在纵向上能拓展情节。让快乐流淌笔尖,在习作的海洋中自由泛舟。

表4-4 墨海泛舟课程内容

课型	内容	课型	内容
观察课	动物、植物、景物、小物品、食品等	实验课	各种科学小实验
活动课	做游戏、各类才艺比赛等	体验课	体验情感等
表演课	课本剧、故事、才艺等	想象课	畅想未来,构思世界

⑤ 橙现缤纷——语文实践课程

橘绿橙黄时节好,那醒目的一抹橙,是沁人心肺的甜腻,是丰收喜人的吟唱,是赏心悦目的活泼。一抹橙,当属于意气风发的孩子。当孩子们尽享青墨古文的妙趣,欣赏诗歌旋律的优美,体味人物传记的百味,定会忍不住绽放自己的精彩。我们开展两个方面的语文实践活动。

第一,创设"天籁语文节",扬帆馨香知识海。花开笔低语言妙,春在心头书韵香。每个学年,学校通过创设"天籁语文节",组织丰富多彩的语文活动,搭建感受语文、体验语文、表达语文的展示平台,让学生在感受中学习,在体验中成长,在表达中真正体会到学习语文、运用语文的乐趣。活动内容分为"橙现活力赛"和"多彩读书节"两大块,形式多样,引人入胜,为学生打造语文体验的大平台(见图4-7)。

(A)举办"橙现活力赛",激发学习热情。我们通过组织各种赛事活动,激发学生学习语文的兴趣,促进学习能力的形成,让学生懂得付出才有收获,明白合作的重要性,收获解决问题的勇气,释放最真实的自己,了解生活的真相,点燃学习语文的激情。

从语文学科的特点出发,赛事活动涵盖识字与写字、课内外阅读、写作、综合性学习多个方面。有班级层面的专项小赛,有年级层面的主题赛事,还有校级层面、全员参与的大赛活动。

图4-7 天籁语文节

（B）举办"多彩读书节"，缤纷阅读大视界。腹有诗书气自华，最是书香能致远。为了创建良好的校园文化，营造浓郁的读书氛围，学校每学年举办一次读书节活动，旨在激发师生读书的兴趣与热情，让每一位师生都能与书为友，与经典对话；让每一位师生在读书活动中沐浴文化的恩泽，接受传统的洗礼，享受阅读的快乐。在读书节期间举行书签制作、剪贴报、手抄报和好书推荐卡的设计活动。

第二，开展项目式学习，全面提升核心素养。语文学科已有的综合性学习不仅体现为语文知识的综合运用、听说读写能力的整体发展，而且提倡多学科联系、跨领域学习、书本学习与实践活动的紧密结合。基于此，依据天籁教育特点，结合"三声"文化，我们提出项目式学习。项目式学习关注学生的参与能力、探究能力、创新能力、团队合作等各方面能力的培养和发展。

⑥ 诗词中的乾坤——跨学科 IFEC 课程

I 指的是传承（Impart and inherit）、F 指的是融合（Fuse）、E 指的是探索（Explore）、C 指的是建构（Construct）。在"天籁教育"哲学引领下，IFEC 课程通过构建一个情境化、开放式、探究性和多学科整合型的翻转课堂，拓展儿童学习古诗的广度和深度，让学生真真切切获得积累，提升个人素养（见图 4-8）。课程实施要旨是找准"共振点"（诗中之物、景、人），让学生与之同频共振。跨学科活动中结合学生需求，把传统文化用学生乐于接受的学习活动展现出来。学生在丰富的探索活动中，传统文化自然在他们心中扎根生长。

我们以统编教材中的必背古诗文为载体，在课前、课中或课后展开跨学科学习过程，使学习呈结构化、立体化。通过探索诗词中的动植物，诗词中的山川名胜，中华文明对时间的独特理解——二十四节气以及走近著名诗人，感悟诗词背后的故事等，共同领悟诗词中的乾坤。

书声琅琅，诵读千古美文，营造古韵飘香的天籁滨小；涵泳经典，滋养诗意人生，成就自信儒雅的滨小少年。在福清市首届"国学大课堂"电视现场赛中，国学班的同学以

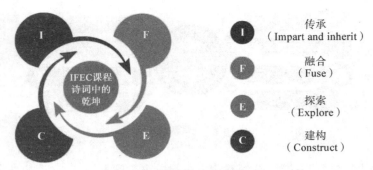

图 4-8　跨学科 IFEC 课程要义

扎实的国学功底大显身手,夺得桂冠。

此外各个年级还有相应的项目式学习课程(见表 4-5)。

表 4-5　各年级项目式学习课程内容

一年级	二年级	三年级	四年级	五年级	六年级
趣味识字 幸福成长	我的动物朋友	中华传统节日	轻叩诗歌大门	遨游汉字王国	难忘小学生活
趣味识字图片,音频、视频等,用微信、QQ等平台交流	手抄报 班级交流会	1. 展示、交流并介绍传统节日过节过程的习作 2. 以小组为单位展示活动成果	1. 展示合作编写的小诗集 2. 举办诗歌朗诵会	1. 办一次趣味汉字交流会 2. 展示撰写的简单的研究性报告 3. 交流学校、社会用字不规范的调查结果	1. 展示成长纪念册 2. 举办毕业联欢会 3. 完成书信,留念或邮寄

多彩语文,如诗似画。它凝聚着大自然的灵气,舞动着文化的情操,书写着人生的美妙,讲述着历史的沧桑,跳跃着人类的情感和思想……我们将带领孩子们倾听天籁之音,感受生命之美妙!

2. "玩转数学"课程群建设

"玩转数学"是以活动为主要开展形式,强调学生亲身经历,在活动中发现和解决问题,体验感受。通过开放、自主的探究形式来完善学生的认知结构,提高学生自我规划和自主选择的能力。"玩转数学"的内容确立从数学教材中跳出来,让学生在更广阔的空间里开展数学学习活动。不仅要让学生学习教材上的数学,还要让学生学习教材之外的数学。例如,"融龙伴我玩数学""指尖智慧折数学""诗词中的数学问题"等都是从教材延伸出来的,同时融合了数学的其他知识,实现跨学科融合性学习。"玩转数学"不仅要让学生学习冷冰冰的数学,而且要让学生学习好玩、有趣、有魔力的数学。玩转数学——用有温度的数学滋养孩子的生命。

(1)课程理念

数学本身也是一门充满魅力的学科,每个数字、符号都有着一个个富有色彩的美丽故事,它的神秘面纱一旦被揭开,人们常常会为之吸引。"玩转数学"旨在使学生能够品尝到"好吃"又"有营养"的数学,追求让学生把数学玩得游刃有余,带着好奇心去玩,带着专注力去思,玩中学、学中思、思中进,乐享数学学习过程,在快乐中锤炼思维,用有温度的数学滋养孩子的生命,感受生命的天籁。

(2)课程结构

我们依据小学数学课标的精神和学科性质,以学校的"好声音"课程理念为指导,对现行教材进行优化组合、扩充资源,使学生在思维的深度与广度上得到长足的发展,提高学习数学的兴趣。我们构建了这样的"玩转数学"课程结构(见图4-9)。

图4-9 玩转数学课程结构图

(3)课程设置

除了基础课程之外,"玩转数学"课程具体内容设置如下(见表4-6)。

表 4－6　玩转数学课程设置表

年级	妙趣计算 课程名称	妙趣计算 课程内容	美妙图形 课程名称	美妙图形 课程内容	玄妙数据 课程名称	玄妙数据 课程内容	酷炫实践 课程名称	酷炫实践 课程内容	寻味文化 课程名称	寻味文化 课程内容
一年级 上期	口算能手	趣味填数	趣味拼摆	方块世界 三连方	绘声绘色	"0"的自述 数字趣谈	乐不思"数"	百变魔尺 纸牌游戏	抚今追昔	数字趣谈 古人计时
一年级 下期		加减"梯田" 多变火柴棒		图形乐园 玩转"七巧板"		一起分类病 今天我当家		俄罗斯方块 磁力片中的数学		符号由来 古人计数
二年级 上期	心算能手	绕口令 明七暗七	变幻莫测	放大镜 越剪越多	小小理财师	动物与数字	生活达人	到点啦麦克斯 解密"六根锁"	放眼世界	九宫格传说
二年级 下期		探索24点奥秘 混合"梯田"对称数		五连方		巧猜球赛 信用卡的奥秘		水缸里的数学问题 曹冲称象		
三年级 上期	巧思乐算	巧填竖式	我形我塑	周长之趣	小鬼当家	小小采购员	活学活用	有趣的分一分 巧解"孔明锁"	文化长廊	日历中的秘密
三年级 下期		玩转纸牌 巧算24点		面积之趣		小小营养师 智换"汽水"		切蛋糕中的数学 小小向导		生活中的方向 指南针来历
四年级 上期	神机妙算	格子乘法 天文数字	纸上谈兵	神奇的莫比乌斯带	势均力敌	数据会"说话" 数字新闻	运筹帷幄	百僧分馍 韩信分油	群英荟萃	数学家华罗庚
四年级 下期		"谜"人的乘法		"纸"尖上的内角		你"被平均"了吗 数字编码		富翁打赌		数学家陈景润

课程类别 内容 年级		妙趣计算 课程名称	妙趣计算 课程内容	美免图形 课程名称	美免图形 课程内容	玄妙数据 课程名称	玄妙数据 课程内容	酷炫实践 课程名称	酷炫实践 课程内容	寻味文化 课程名称	寻味文化 课程内容
五年级	上期	成算于心	小数乘法分配律 神奇的缺"8"数	三维透视	图形拼组规律	魅力数据	魔力字母 生活中的"概率"	唇枪舌战	包装的问题 破解"数独"	雏鹰展翅	哥德巴赫猜想 莫比乌斯带
五年级	下期		埃及分数 循环小数相亲数		解剖立体图形 柏拉图和柏拉图的立体		数据大揭秘		打电话的数学 韩信点兵		解密条形码
六年级	上期	稳操胜券	兔子数列 循环小数揭秘	如影随形	正多边形铺地 笛卡尔坐标系	数据说话	猜硬币、摸彩票 暗藏规律	机智如我	确定"起跑线" 别人不知道的密码	中国骄傲	中医学中的数学 华人数学名家
六年级	下期		巧解24点难题 指数爆炸		纸中立体图形 钟表上的数学		大数据与生活		巧求纸杯侧面积 巧测地球周长		神奇的"圆周率" 世界之最

横向上，我们依据新课标"数与代数、图形与几何、统计与概率、综合与实践"的课程框架，把课程内容分成五大类，分别是妙趣计算、美奂图形、玄妙数据、酷炫实践、寻味文化；纵向上，我们充分考虑儿童心理特点、认知特点、年段特点，设置年级阶梯课程，强调按先后顺序，从易到难，由简至繁。低年级重在"趣"，中年级重在"行"，高年级重在"悟"，保持学校课程的整体连贯。就这样连点成线，连线成面，织成了一张课程网。

这张课程网中的所有内容，并不是空中楼阁、另起炉灶，而是以新课标为依托，以学生的发展为出发点，对教材深度挖掘。有的是对教材难点趣味剖析，将知识引向纵深处，如"谜"人的乘法分配律、周长之趣、面积之趣等内容；有的是为学生未来的学习、生活和工作奠定基础的课程内容，如今天我当家、大数据与生活、巧求纸杯侧面积等内容；有的是补充挖掘历史数学名题、趣题，为了激发孩子学习探究热情而开设的，如解密九宫格、百僧分馍、韩信点兵等；还有的是课外拓展的数学游戏，如磁力片中的数学、五连方、巧算24点、巧折柏拉图立体等内容。

这些课程内容，跳出学科本位，拓宽课程边界，让数学课程更有趣、更多元、更跨界、更有价值。

① 妙趣计算

我们常说：兴趣是最好的老师。趣，从走取声，《说文》解为"疾也"，就是快走的意思。有吸引你的地方，你才会"趋之若鹜"。数学中有很多妙趣横生的数字、数学算式、数学趣题……如果能以各种形式加以呈现，必定会大大激发学生学习数学的热情。

例如：《杨辉三角》

我国南宋末年数学家杨辉发明了这张数表（见图 4 - 10），后人把它叫作"杨辉三角"。它的数字排列很有规律，每行首尾都是 1，每行中间的各数都是它肩上两个数的和。每行各数相加的和分别是 1、2、4、8、16、32、64……可以写成 2 的 n 次方。每条斜线上各数之和分别为 1、1、2、3、5、8、13、21、34……得到了斐波那契数列（见图 4 - 11）。

又如：《神奇的缺 8 数——12 345 679》缺 8 数在乘 1 至 81 中的 9 的倍数可以得到"清一色"（如下）。

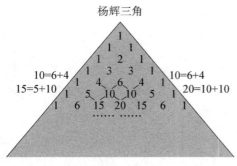

图 4-10 杨辉三角

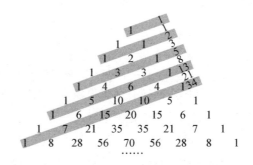

图 4-11 斐波那契数列

$$12\,345\,679 \times 9 = 111\,111\,111$$

$$12\,345\,679 \times 18 = 222\,222\,222$$

$$12\,345\,679 \times 27 = 333\,333\,333$$

$$12\,345\,679 \times 36 = 444\,444\,444$$

$$12\,345\,679 \times 45 = 555\,555\,555$$

$$12\,345\,679 \times 54 = 666\,666\,666$$

$$12\,345\,679 \times 63 = 777\,777\,777$$

$$12\,345\,679 \times 72 = 888\,888\,888$$

$$12\,345\,679 \times 81 = 999\,999\,999$$

缺 8 数乘以 3 的倍数但不是 9 的倍数的数(12 起),可以得到"三位一体"(如下)。

$$12\,345\,679 \times 12 = 148\,148\,148$$

$$12\,345\,679 \times 15 = 185\,185\,185$$

$$12\,345\,679 \times 21 = 259\,259\,259$$

$$12\,345\,679 \times 24 = 296\,296\,296$$

$$12\,345\,679 \times 30 = 370\,370\,370$$

$$12\,345\,679 \times 33 = 407\,407\,407$$

$$12\,345\,679 \times 42 = 518\,518\,518$$

$$12\,345\,679 \times 48 = 592\,592\,592$$

$$12\,345\,679 \times 51 = 629\,629\,629$$

$$12\,345\,679 \times 57 = 703\,703\,703$$
$$12\,345\,679 \times 78 = 962\,962\,962$$

关于缺8数还有很多神奇的地方，让人们津津乐道地去研究。数学中像这样有趣、奇妙的东西还有很多很多，如果能予以挖掘，用数学本身的魅力吸引生性好玩的孩子，一定会让孩子爱上数学。

② 美奂图形

"美轮美奂"一词出自《礼记》对建筑物的赞美。一提到美，人们最容易想到的是"江山如此多娇"的自然美，抑或是悦目的图画、动听的乐章、精妙的诗文……然而，数学里蕴涵着比诗画更美的境界。正如古希腊数学家普洛克拉斯所说"哪里有数，哪里就有美"。

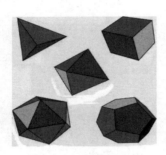

图 4 - 12   柏拉图立体

例如："柏拉图立体"

柏拉图是古希腊伟大的哲学家，也是一位数学家。柏拉图立体，是都只由一种正多边形构成各面的体，被称为最有规律的立体结构。数学家证明了世上只能存在五种柏拉图立体（见图 4 - 12）。

在五年级学习"正方体"这一单元中，学生对于本单元的内容往往觉得枯燥乏味，如果我们在课堂上能穿插介绍或动手折折柏拉图立体，学生定会从中感受数学特有的美的魅力。

又如："斐波那契数列（Fibonacci Sequence）"

平时在教学时，对于斐波那契数列，大部分老师通常是以习题形式来考查孩子的，孩子也感觉不到它的美妙。殊不知，斐波那契数列还藏着很多的奥秘，令很多数学家和艺术家为之着迷。

斐波那契螺旋线，也称"黄金螺旋"，它是在以斐波那契数为边的正方形拼成的长方形中画一个 90 度的扇形所连起来的弧线（见图 4 - 13）。自然界中有很多斐波那契螺旋线的图案，它们是自然界最完美的经典黄金比例。人耳朵的轮廓线，鹦鹉螺等贝类，还有星云图中，都有完美的斐波那契螺旋线。科学家还发现，植物界中也有很多植物的生长遵循了这一规律，世界名画"蒙娜丽莎的微笑"的整体构图布局也应用了这一

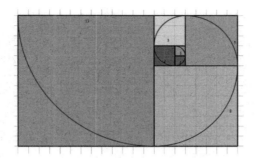

图 4-13　斐波那契螺旋线

黄金比例,给人以美感。

难怪有人说:数学恰如一位美人,一贯冷眼霜面、拒人千里,如今莞尔一笑,倒也娇羞无限。

③ 玄妙数据

《义务教育数学课程标准(2011)版》指出:数据分析是统计的核心。数据分析在生活中得到广泛的应用和普及,数据本身是"死"的,而数据分析能让数据变"活"。我校开设了"绘声绘色""小小理财师""小鬼当家""势均力敌""魅力数据""数据说话"课程,让学生学会用数学的眼光观察、解释现实世界,解决问题,培养数据分析意识。

例如:"大数据与生活"和"数据大揭秘"

随着城市的不断发展,数字城市时代早已悄然到来,大数据已经融入生活的各个方面。看病就医离不开大数据,通过大数据健康分析,医疗机构可以为更多的人提供更优质、更廉价的服务。通过"数据大揭秘"和"大数据与生活"课程,让学生感受到丰富的数字信息分析和统计的大魅力,学生学习使用数据,分析数据的方法和技巧,巧用折线统计图表现数字变化趋势,学会用数字处理生活中的问题。

大数据已深入人类生活的方方面面,未来已来,我们培养的是未来的人,我们有责任培养学生初步的数据分析意识、具备初步的数据分析能力。

④ 炫酷实践

《荀子》中有这样一句话"道虽迩不行不至,事虽小不为不成"。实践出真知,"酷炫实践"是以问题为载体、以学生自主参与为主的学习活动,发展学生的应用意识。我们开设有"乐不思数""生活达人""活学活用""运筹帷幄""唇枪舌战""机智如我"课程。

例如:"磁力片中的数学"

学生经历了一年级上册第四单元《认识图形（一）》和下册第一单元《认识图形（二）》的学习后，我校拓展延伸出"磁力片中的数学"这一课程内容。通过让学生用神奇的磁力片拼平面图形、立体图形，使学生通过平面图形建构出立体图形，清晰地展示平面图形与立体图形之间的转化，让学生感受提拉后的变化，强化孩子的观察能力、分析能力、建构能力及空间想象能力，也为今后学习立体图形的展开图打好基础（见图4-14）。在拼玩等数学活动中，学生不断积累数学活动经验，逐步学会用数学的眼光观察、解决数学问题，感受数学美，提高学生对数学的兴趣。

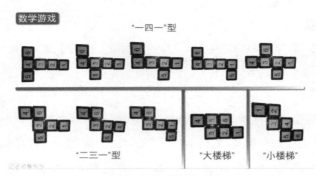

图4-14　通过平面图形建构立体图形

⑤ 寻味文化

每个民族都有自己的文化，也就有了属于这个文化的数学。中国传统数学有着优秀的传统、辉煌的成就，也有灿若星辰的数学名家。通过开设"抚今追昔""放眼世界""文化长廊""群英荟萃""雏鹰展翅""中国骄傲"课程，让学生品味源远流长的数学文化。

例如："古人计数"

在学习"11～20各数认识"时，不少学生会产生这样的疑问：书上捆小棒为什么要十个一捆呢？十进制在数学长河中具有里程碑的意义，如何让一年级的小朋友感受数学文化源远流长和古人的智慧？我们开发了古人计数这一讲内容，利用妙趣横生的古人计数的小故事，播放有关算筹视频，使学生感受可以用一个大石头代表10，初步体会以一当十的由来，为后面学习11～20各数都是由一个十和几个一组成的做准备，让孩子们了解算筹，感知数学文化的历史与进步，拓宽了学生知识的视野，渗透了数学文化(见图 4 - 15)。

图 4 - 15 "古人计数"微课

数学中还有很多著名数学家的故事、数学史、数学趣事,为我们开展数学教育提供了丰富的文化素材。我们所开设的寻味文化课程,把数学史资料引入课堂,介绍知识的来龙去脉,让知识鲜活起来,从而改变学生对数学课堂"枯燥"的印象。

优秀的数学文化,是美丽动人的数学王后、得心应手的仆人、聪明伶俐的宠物。伴随着先进的数学文化,数学教学会变得生气勃勃、有血有肉、光彩照人。

数学真正的文化要义在于,它可以最大限度地张扬数学思考的魅力,并改变一个人思考的方式、方法、视界。数学学习一旦使学生感受到了思维的乐趣,使学生领悟了数学知识的丰富、数学方法的精巧、数学思想的博大、数学思考的美妙,那么,数学的价值也必将彰显无遗。

课程是教师专业成长的生命力。只有把课程还给老师,让更多的老师有了课程意识,能够回到源头来思考"教什么"和"怎么教",课程改革才能改变"自上而下"的状态,才能在课程改革的丛林山川中出现如王勃在《滕王阁序》中所描绘的"秋水共长天一色"之壮美辽阔情景。为此,我校充分发挥老师们的智慧来共同开发编撰《玩转数学课程》教材,每讲有三大块内容:一是"溯本思源"——围绕"为何"设置此内容并展开陈述,思考所开发内容与课本教材哪部分内容衔接?学生对这部分内容有哪些盲点、认识误区、学习难点或兴趣点?这一内容有什么价值?对发展学生数学素养有哪些帮助?二是"原来如此"——此部分是课程内容的重头戏,主要解决"何为"问题,通过"图片＋文字"形式描述课程内容,图文并茂、生动易懂,让人看后会由衷发出"原来如此"之感叹,给人豁然开朗之酣畅。三是"玩无止境"——这部分是拓展延伸,有时是几道习题,有时是完成一份调查报告,亦或是数学读物推荐,以此来延伸孩子的学习热情。所编撰的这些课程内容,数学老师将在课堂上予以渗透实施。

（4）课程实施

"玩转数学"课程将从五个方面来实施,而课堂无疑是课程改革中最为核心与关键的环节。玩转数学课堂追求的是把课上得有意思。老师们心中都知道,要想每节课都让孩子感到有意思是不可能的,再优秀的老师也要上大量的普通课。十节课里,至少有五节是不花什么精力的普通课,至少有三节是数学技能训练课,只有那么一两节是要花精力去思考的、让孩子觉得有意思的课。如何才能把一些不起眼的课上得有意思呢？我校数学组老师注重在平时多开发一些"数学游戏课""数学魔术课""数学欣赏课"等,孩子们经历了一两节有意思的数学课就会喜欢老师,喜欢数学,会快乐地回味很长时间,在回味中不知不觉就已经度过了五六节枯燥的课。

例如:"用计算器探索规律"

在教学"用计算器探索规律"时,课后有一道缺8数乘9的倍数的计算,我校的一名老师把它加工成妙趣横生的"读心术"游戏,吸引了孩子们的眼球。

游戏规则:（1）从1—9这9个数字中选一个你最喜欢的数字,别说出来,在心里想。比如:你最喜欢2,就在计算器上悄悄输入9个2,然后除以12345679。（2）除完后报出得数。（3）猜出心中所想的数。

刚开始,学生将信将疑,个个跃跃欲试。而当第一个学生报"27",她神秘地报出:你所想的数字是3。他惊讶地张大嘴巴,迷惑不解地望着老师,嘴里同时蹦出两个字"对啦"。当他们报出第二个、第三个数时,她准确无误地猜出他们心中所想的数,孩子们向老师投来敬佩的目光。紧接着,学生就开始议论起来:"这是怎么回事呀？"疑问催生了好奇,好奇又马上转化为强烈的探索愿望,不一会儿学生发出会意的笑声,他们说:"老师蒙我,原来这里面有规律,我也会！"

当数学与游戏相遇,"高冷"的数学瞬间变得让人着迷,吸引着天性爱玩的孩子,沉迷其中、欲罢不能！

兴趣刺激创造,创造获得成果。"玩转数学"符合儿童"爱玩"之天性,让学生在五彩缤纷的数学学习中,学会独立思考、自由探索、行走在智慧数学学习中,让学生感到数学学习不再冰冷,让孩子眼中的数学不再是抽象的数字、干巴巴的符号、乏味的定义、没有生命的算式,而是有趣、有料、有温度的学科。我们坚信每一朵鲜花都能绽开希望,每一片绿叶都能摇曳出生机!

3. "天趣英语"课程群建设

(1)课程理念

"天趣英语"课程群以国家英语课程为核心,引入字母街舞操、英语趣配音、英语演讲、英语模联辩论赛、英语电影赏析等丰富多彩的活动课程,构建多方位的课程群。"天趣英语"课程群旨在通过轻松愉快、生动有趣的教学氛围,借助信息化辅助教学的手段,促进学生对语言的积极应用,激发他们探究的欲望。

"天趣"英语即随儿童情趣,自然习得英语。课程的核心理念是 FUN。"F"即funny,就是趣味盎然的意思。"U"即 unique,就是独一无二,"N"即 natural,释放天性,让学生在习得语言的过程中呈现最自然、最天真的状态。

(2)课程结构

我校立足福清本土特色文化,找寻富有英语气息的好声音课程,以趣聆听、趣世界、趣拼读、趣阅读、趣体验、趣创作为目标,让孩子们与自然与生活与世界美好邂逅(见图 4-16)。

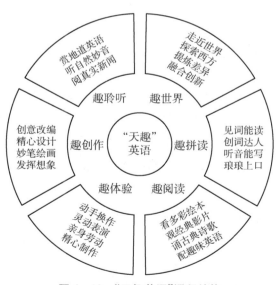

图 4-16 "天趣英语"课程结构

天趣英语的课程设置考虑到中高年级学生的不同特点,为三、四年级和五、六年级开设不同课程。内容为:舌尖上的福清菜、运动健康、绿色低碳伴我行、节日、习俗方言、家务劳动、科技、我的学校等,融生活和实践性为一体,通过丰富和整合课程内容,满足学生语言和心智的发展。

我们的教材 logo 以天空为背景,有翅膀的独角兽富有情趣——以梦为马,不负韶华。封面采用彩色涂鸦,寓意天真无邪、创意无限。教材内容第一单元是 LOVE IN BREAKFAST。我们立足福清本土早餐文化,生成话题线,从词、句、对话、语篇、习作这五大模块入手,形成螺旋式的知识上升体系。

我们还设置了形成性评价机制,学生自评、学生互评、师生互评,这些动态互评帮助学生有意识地监控和调整自己的学习,为自己的学习承担更多的责任。

(3) 课程实施

"天趣英语"课程实施包含以下三个方面(见图 4 – 17)。

图 4 – 17 "天趣英语"课程实施

我们的浸润英语"悦"读社团,建构了 NICE 课程,N 即 Novelty(新颖),I 即 Interest(趣味),C 即 Culture(文化),E 即 Experience(体验)。以趣味体验为导向的实践性活动,设立为基础型课程、拓展型课程和探究型课程(见图 4 – 18)。

将自然拼读作为基础型课程,把英文的字母与发音联系起来,把复杂的发音归纳成有规律的、易记忆的发音,从而培养学生见词能读、听音拼词,做一个创词达人。

我们把经典少儿英语分级绘本读物作为拓展型课程教材,从中精选 8 个绘本故事,确保它们能与各单元主题相匹配,合理拓展教学内容。

为了让课程回归语言教育之本,我们还挑选了一套英语绘本全集,作为探究型课程,让学生浸润在具有人文内涵的故事和原汁原味文学读本中。

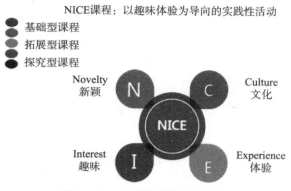

NICE课程：以趣味体验为导向的实践性活动

基础型课程
拓展型课程
探究型课程

Novelty
新颖

N

NICE

C

Culture
文化

Interest
趣味

I

E

Experience
体验

图 4-18 NICE 课程要素结构图

光读是不够的,正如《论语》中所写的"学而不思则罔,思而不学则殆"。涂涂画画是孩子的天性,我们利用锚图来培养孩子独立思考的能力。所谓锚图,即图文结合,把知识点变成图画。锚图更能激发孩子的兴趣和创造力。

古罗马西赛罗曾说:"辩才是人类最光辉的美德之一。"为了让学生站在课堂中央,关注每一个学生的需要,拨动生命的"情弦",培养学生的创造力和批判性思维,我们设置了演讲和辩论课程,以培养学生的思辩能力。

辩论是天籁少年的智慧之声,歌声是孩子纯粹的悦耳之音。以"配音"为引擎,推进孩子"全脑"审美教育,我们设置了趣配音课程。一起聆听,歌声纯净,奏响悦读社团美妙英语之声。我们的课程除了链接社团活动,还进行多维整合(见图 4-19)。

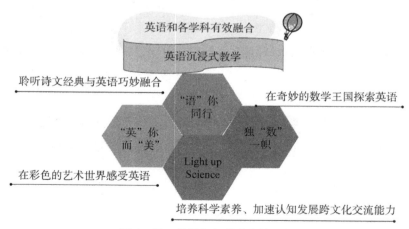

英语和各学科有效融合

英语沉浸式教学

聆听诗文经典与英语巧妙融合

"语"你
同行

在奇妙的数学王国探索英语

"英"你
而"美"

独"数"
一帜

Light up
Science

在彩色的艺术世界感受英语

培养科学素养、加速认知发展跨文化交流能力

图 4-19 英语和各学科有效融合

整合、关联是我们课程的特色,融合发展是我们教学的方向。我们不仅关注学生语言能力的运用,注重思维品质的提升,而且又兼顾学生健全人格的培养,让教育沐浴人性的光辉。

当孩子遇到了"天籁",我们相信,天籁将会以天然浑成的形式,化作阳光、春风和细雨,悄无声息地润泽孩子们天使一般的心灵,激励孩子们用最美的姿态享受最动人的天籁。

4. "创艺美术"课程群建设

我校美术组深入钻研教材,在教材内容的基础上,挖掘出符合孩子不同年龄特点、符合学生学习兴趣的课程,如线描绘画、色彩画(水粉、水彩、马克笔)、国画、手工等不同课程。通过课程的拓展,激发学生的美术创造思维,挖掘学生的潜在能力。一至六年级每周两节美术课,根据每个年级的不同内容安排,在完成美术教材内容的基础上,渗入拓展课程——创意美术。

创意美术课程就是从生活中来、到生活中去,来源于生活、又美化着生活,让孩子们感受到生命的天籁的课程。艺术来源于生活,我们认为,美术教师就是要带领学生用心感受生活,用一双美的眼睛发现生活,去领悟身边的美好。让琅琅书声、爽朗笑声、悦耳歌声这"三声"成为幸福童年的主旋律。通过"创艺美术",让学生从生活中获得美学灵感,报以各种创意作品回馈生活。创意美术教育使学生的想象力、创造力、审美能力不断提高。

例如:创意美术课程——"当青铜器遇上染布坊"

染布坊、青铜器在华夏几千年文明中,有着深远持久的影响。我校创设了"当青铜器遇上染布坊"艺术教育课程(见图 4-20),较好地秉承了滨小创校的文化理念,以开拓的视野发现美,以创新的思维创造美,以宽广的胸怀包容美,以阳光的艺术点染美。在艺术教育的熏陶下,一批又一批的学生成长为"阳光聪慧、博雅多艺"的滨江美少年。

(1)课程理念

通过开展"创艺美术"课堂,让孩子们时时处处如沐天籁,发现自然之天籁,传承文化之天籁;创造生活之天籁,感受创艺美术之天籁,这便是"当青铜器遇上染布坊"独特的创意——让每个孩子感受生命的天籁。

创艺美术课堂不仅局限在小小的教室里,而且能走进校园里的每个角落,体现在孩子们的生活中。通过师生共同制作"染布坊"主题的服饰、围巾、袋子、绘本、主题书

图 4-20　当青铜器遇上染布坊课程设置

签等文创小作品,将美术课堂与古代文化融合,开拓孩子们对经典文化的热爱和想象能力,进行一场"为生活而艺术"的生命之旅。

（2）课程设置

"当青铜器遇上染布坊"创意美术课堂遵循"探索——发现——实践"教学理念,设置了文艺鉴赏、技法研究、创新思维、动手实践四个块面的课程。其核心是动手实践课程（见图 4-21）。

图 4-21　学生动手制作创意作品

① 文艺鉴赏:开设青铜器文艺博物馆,借助实物（仿）、图片、影音等资料,了解青铜器的铸造工艺、文化内涵和历史渊源,了解染布艺术的染布技法。

② 技法研究：学习仿青铜器软陶的技法，也了解了染布的发展史和实用价值，以合作探究为主要学习方式，借助网络资源，查找、归纳、分析，比较不同时代的技法特点，形成独特的研究报告，使学生在探索中成长。

③ 创新思维：在研究报告的基础上，在大量的仿制的基础上，创新自己的思维，从形到意，从技到能，撤除缺点，形成自己独特的探索、独特的思维、独特的形象。

④ 动手实践：将自己独特的创新思维应用到自己的作品当中，形成自己与众不同的创意作品（见图4－22）。以比赛的形式竞争，以展览的形式开拓，将灿烂的古代工艺美术渗透到我们今天的"创艺美术"课堂，培养具有"阳光、聪慧、博雅、多艺"的天籁少年。

图4－22　当青铜器遇上染布坊作品展

以欣赏、观察讨论的方式学习仿青铜器软陶和扎染的手工技艺知识，培养孩子们观察分析能力和审美能力；以操作、比较、评析的方式学习仿青铜器软陶和扎染的手工技艺方法，培养孩子们的创造力和表达能力，如此方能寓教于乐，让每一个孩子都成为课堂的主人翁。

（3）实施步骤

第一步：尝试平台建设：网络资源平台；创意作品展览平台。

第二步：创意美术课程活动开展：分为文艺鉴赏、技法研究、创新思维、动手实践活动四个块面活动；课程类型有专家指导讲座、主题开放活动、网络资源学习活动等。

第三步：成果展示交流：整理各项活动的学生研究报告，集结图册；汇总个人创意美术作品，举办相应展览，展示创意美术作品。

5. "灵动音乐"课程群建设

"灵动音乐"是依托国家艺术课程标准、音乐教材,结合学校校情以及学生学情,对音乐课程进行深度挖掘而开发的课程群,包括天籁合唱、舞武对弈、节奏游戏、音乐创编、古琴演奏等课程。

"灵动音乐"课程的实施有以下途径:一是利用音乐课进行兴趣培养和节奏感乐感培养。经过学期目标规划和大单元整合过后,音乐课基本整合成了以音乐课本知识为主,本校特色课堂为辅的教学模式。二是利用课堂教学时间,通过音乐欣赏和主动参与游戏等方式,培养学生学习乐器的兴趣,加强学生节奏感与乐感。三是利用特色课组织教学。基于大单元整合后的课程安排,每学期至少有6—7节特色教学课,在特色教学课中进一步组织提升学生学习兴趣,并进行乐器培训。四是利用活动时间进行深入培训。学校在进行基础教学的同时还增加活动时间,在每一次的活动时间开办兴趣班、小小音乐家等学习小组,在老师的辅导下深入进行器乐培训。五是开展相关活动验收学习成果。每个班在每个月,或者每期结束进行评选,鼓励学生学习器乐,并且鼓励学生参加学校的相关器乐演奏和比赛等活动来培养学习信心,提升学习激情。

跨学科课程——"舞武对弈"

武,历史悠久,源远流长,与华夏五千年文明风雨同行,作为中华民族炎黄子孙的生存技能,中国传统武术伴随着中国历史与文明发展,走过了几千年的风雨历程。作为武术南方一大流派的南少林宗鹤拳,是中国独一无二的武术派系,弟子遍布世界各地,皆以福清为源,影响极大。

舞,是一种容空间性、时间性和综合性的动态造型艺术。中国在五千年以前就已经出现了舞蹈,这是一种表演艺术,使用身体来完成各种优雅或高难度的动作,一般有音乐伴奏,以有节奏的动作为主要表现手段的艺术形式。舞是美的艺术,美在其中,乐在其中;舞是情的艺术,情在其中,意在其中。

当今音乐教育的发展,不仅要关注音乐本体的把握,而且还将更加注重音乐教育的跨学科综合研究,加强音乐与美术、民俗学、舞蹈等相关文化的交叉与渗透。"舞武对弈"课程,将带领学生品鉴以舞会武的融合之美。

为了更好地传承与发扬本土民间武术文化,将强健的武术文化与柔美的舞蹈艺术相结合,跨学科的"舞武对弈"课程形成了新的校本课程模式。

"舞武对弈"课程分为两大模块:音乐课堂教学和集中训练。

（1）音乐课堂教学：加强音乐课和体育课的交流，让音乐和武术相互融合，在完成音乐和体育教育的同时，对舞武进行拓展认识与学习（见表4-7）。

表4-7　舞武对弈音乐课堂教学安排表

年级 \ 课程名称		舞武对弈课程
一年级	上期	了解舞武
	下期	舞武作品欣赏（童版）
二年级	上期	学习舞：礼仪
	下期	学习武：礼仪
三年级	上期	舞：基本动作训练
	下期	武：基本动作训练
四年级	上期	舞武组合式动作训练
	下期	舞武组合式动作训练
五年级	上期	舞武个人编创
	下期	舞武合作编创
六年级	上期	舞武作品小展示
	下期	欣赏优秀舞武融合作品

（2）集中训练：让学生在音乐舞蹈和中国武术的融合中表现美，感受美。进一步推动校园文化建设，营造良好的艺术氛围。目前集中训练已见成效，"舞武对弈"作品已在多个重要活动中展示，并成功入选教育部弘扬中华优秀传统文化系列展演节目，也为我市中小学唯一入选的节目（见图4-23）。

6."活力体育"课程群建设

"活力体育"是以《体育课程标准》为标准，以国家健康体质测试标准为起点，以学生热爱体育、磨炼意志、健康成长为目标而设置的课程群。本课程结合学生的年龄特点，从一到六年级分别设置了不同的主题和内容。

活力体育之"CCD课程"：

CCD课程是由全面（Comprehensive）、整合（Curriculum）、发展（Development）这三大要素构成的，以学生为中心，以全面育人作为使命担当，树立大教育观、大体育观，克

图 4-23 "舞武对弈"表演

服体育课程与其他课程割裂的弊端,通过跨学科协同,提高体育课程全面育人的效益,为学生走向社会、享受健康充实的人生打好坚实基础的课程(见图 4-24)。

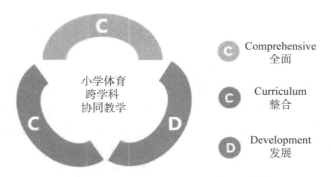

小学体育
跨学科
协同教学

C Comprehensive
全面

C Curriculum
整合

D Development
发展

图 4-24 活力体育"CCD 课程"结构图

(1) CCD 课程缘起

《义务教育体育与健康课程标准(2011 年版)》将体育课程分为运动参与、运动技能、身体健康、心理健康与社会适应四个方面,并指出四个方面是一个相互联系的整体,各个方面的目标主要通过身体练习实现,不能割裂开来进行教学。这充分说明了体育与健康课程的综合性。体育学科独有的以身体练习为手段的课堂教学,可以与语文、数学、艺术、劳动等多学科知识整合教学内容,优化教学过程。体育课程这一综合性的特征决定了该课程可以走课程内部以及课程外部的协同整合之路。

(2) CCD课程操作与实施

体育跨学科协同,需要从教学内容入手,通过梳理体育与其他课程在教学内容上的重合、交叉部分,寻找到协同的内容元素作为联结点,实现全面育人。在实践中,我们主要采取以下三种策略。

① 有机渗透策略

我们将语文、数学等各门学科知识渗透到体育教学中,也将体育知识渗透到语文、数学等各门学科中,化整为零地实施教学,形成有机渗透策略。例如,小学高年段体育有弯道跑教学,教师一般只是提醒学生通过弯道时身体向内倾斜,跑速越快时身体向内倾斜的幅度要越大。由于小学没有物理教学,很多学生不明白这样做的道理。于是,我们采用有机渗透的教学方式,结合生活中的物理现象渗透中学物理知识,让学生初步理解物理中的"向心力""离心力"概念,了解"人在弯道跑时存在离心力,离心力只有被人体倾斜产生的向心力抵消,弯道跑才能顺畅。"学生知道这个道理后就能认真体会身体在弯道跑时的状态,提高弯道跑的教学质量。

② 任务驱动策略

跨学科协同教学具有很强的情境性,学生是基于一定情境去达成某一学习任务的,因此任务设计和驱动是开展跨学科协同教学的关键。我们以体育为中心,同时考虑不同学科的目标要求、学生发展的真实需要,以及现有的教育资源等进行统筹,设计出系列探究性任务,以此来驱动学生的学习活动。长跑项目一直是学校体育教学不好开展的项目,枯燥、无趣加之学生体质原因,家长、领导、体育教师都不愿进行长跑教学。如此恶性循环,学生体质更是日趋下降。科技与体育协同的"定向越野"项目则把"野外"搬进校园,较好地解决了这个问题。例如,体育教师把"定向越野"的目标设定为寻找 10 位具有影响力的科技人物的出生地,课前在校园里设置好 10 位人物出生地分布点。课堂上,教师对每组学生提出不同的寻找次序,最快最好地完成寻找任务的小组胜出。这样,枯燥无趣的长跑变得有趣起来,学生依靠地图在校园里积极奔跑寻找目标,不知不觉中跑了上千米,既锻炼了体能又增强了对这些人物的了解。科技体育的任务还可以是濒危动物、历史事件、文化遗迹等的寻访。在体育教学中学生以若干个学习活动小组开展学习,使得看似"单一"的体育课堂教学变成了融体育与思政、语文、历史、地理等多学科的跨学科知识教学,真正把全面育人落实到课堂教学中。

③ 主题统整策略

我们从体育课程教学目标出发,确定主题,然后把其他课程的相关学习内容整合进来,形成主题统整式学习单元。这种协同的关键是探索具有一定广度和深度的主题,一般是由体育教师基于学科内容提出课程主题,其他学科教师协同参与课程设计和实施。以五年级"跑与游戏"单元为例:该单元六课时,包括蹲踞式起跑,游戏"蚂蚁搬家";50米快速跑,游戏"叫号接球";弯道跑,游戏"十字接力";50米×8往返跑,游戏"钻山洞";12分钟定时跑,游戏"穿山引水";400米耐久跑考核,游戏"打活动目标"。体育教师在该单元教学中围绕体育教学目标的完成,确立全面育人的多学科协同内容,组成跨学科的"长征"教学主题,协同语文、地理、历史、美术等学科教师参与设计"长征启程、强渡乌江、翻越六盘山、四渡赤水、飞夺泸定桥、会宁会师"六课时教学计划。"长征"单元主题教学不仅完成了"跑与游戏"单元的教学目标,使学生掌握相关运动的技术方法,提高技能水平,提高身体素质,体验群体学习的乐趣,学会尊重与关爱弱小同伴,养成吃苦耐劳的意志品质,而且扩展了主题统整的广度与深度,实现了传播红色基因、传承历史文化的任务。

7. "阳光心理"课程群建设

(1) 课程理念

"阳光心理"在于帮助学生更好地了解自己、认识社会,引导学生对自己的未来进行规划和设计,将自己的理想、憧憬与学校的学习相结合,加强对学生人生方面的引导,提高学生学习的主动性、自觉性,过负责任的校园生活。我们按照生涯教育辅导目标,自我认识、认识社会、生涯探索三个纬度展开课程探索。本课程依据儿童不同年龄段的心理发展特点,分别设置了小学阶段六个年级的不同内容。上课时间定在每周五的下午,以小组讨论、角色扮演、教师讲评等方式进行教学。

(2) 课程结构

依据《中小学心理健康教育指导纲要(2012年修订)》,"阳光心理"课程理念与学科目标,结合学校心理健康特色项目,学校从"正视自我,享受学习,善于交往,热爱生活"四大板块架构"阳光心理"课程体系。

① "正视自我"课程

了解自己,对自己有充分的认识和了解,并能恰当地评价自己的能力。信任自己,对自己有充分的信任感,能克服困难,面对挫折能坦然处之,并能正确地评价自己的失败。悦纳自己,对自己的外形特征、人格、智力、能力等都能愉快地接纳认同。控制自己,能适度地表达和控制自己的情绪和行为。调节自己,对自己不切实际的行为目标、心理不平衡状态、与环境的不适应性,能做出及时的反馈、修正、选择、变革和调整。

② "享受学习"课程

愿意上学读书,初步适应学校生活。能在成人的帮助下,自己准备、整理好学习用具。具备从经验中学习的能力,充分发展自己的智力,能根据自身的特点,在集体允许的前提下,发展自己的人格。为学习取得成功而高兴;学习受挫时,能懂得自己是有责任的。

③ "善于交往"课程

调适自我,对环境有充分的安全感,能与环境保持良好的接触。理解他人、悦纳他人,能保持良好的人际关系。愿意参加班、队、集体的活动,不是一个人游离于集体之外。善于与同学、老师和亲友保持良好的人际关系,乐于交往,尊重友谊。注意到他人的活动结果,开始懂得他人的活动动机不都是一样的。

④ "热爱生活"课程

有自己的生活理想,且理想与目标能切合实际。满足自我,在社会规范的范围内,适度地满足个人的基本需求。珍惜和热爱自己的学习生活,积极投入有乐趣的生活中,自信自己的存在有意义、有价值。

(3) 课程实施(见表4-8)

表4-8 阳光心理课程实施

周次	活动计划安排	周次	活动计划安排
3	"你和我"游戏——相互了解、认识	8	驱散心中的乌云
4	"房、树、人"绘画	9	送你一缕阳光
5	自己的那点事——自我认同的体验	10	谁注意力最集中
6	我有我的组——寻找归属感	11	我们真快乐
7	生活对我说	12	握住我的手

周次	活动计划安排	周次	活动计划安排
13	游戏中的交往	18	控制情绪
14	沟通你和我，有话好好说	19	我是一片小树叶
15	做一只会拐弯的毛毛虫	20	我的千万种可能
16	做人要宽厚	21	未来始于脚下
17	团结力量大		

（4）课程评价

① 评价内容

A. 评价教学活动。评价教学活动内容是否切合学生的实际情况，学生是否主动接受了教学内容，并产生了共鸣。

B. 评价学生。学生是否积极参与各项活动，是否愿意与人主动交流，是否拥有自信向上的学习生活态度（尤其对一些特殊生）。

② 评价方式

A. 自我评价：教师确立评价项目和方法，由学生对自己在课堂活动中的表现进行自我评价。

B. 相互评价：可以是同桌，可以是小组，也可以是好朋友，通过多种途径进行交流、评价。

C. 家长班主任评价：通过问卷、个别访谈，了解学生在日常学习生活中的表现，以及对心理活动的意见和建议。根据情况，不断修正教学活动，不断提高教学质量。

D. 综合评价（见表4－9）。

表4－9　"阳光学生"综合评价

班级　　　姓名　　　　　　　　　　　　　　（五星、四星、三星）阳光学生

评价内容			评价				
一级指标	二级指标	三级指标	自评	组评	教师评	家长评	综合评价
自我教育	礼貌自觉	① 对人热情，关心同学，主动向师长打招呼。		☆	☆		
		② 不吵闹，不骂人，不打架。自觉使用礼貌用语。	☆	☆			

评价内容			评价				
一级指标	二级指标	三级指标	自评	组评	教师评	家长评	综合评价
		③ 虚心听从师长的教导，服从师长管理。		☆		☆	
	纪律自律	① 课间不追逐打闹、不做危险游戏。上下楼梯时靠右走。	☆	☆			
		② 遵守课堂纪律，不影响同学学习。		☆	☆		
		③ 遵守学校作息制度，不迟到，不早退，放学按时回家。		☆		☆	
	卫生自理	① 讲究个人卫生，养成良好的用餐习惯。		☆		☆	
		② 爱护学习用品，保持课本不折角，不破页，不乱划。		☆	☆		
		③ 校服、红领巾、标志干净，穿戴整齐。	☆	☆			
学会学习	学习习惯	① 带齐学习用品，作好课前准备，课堂上专心听讲。		☆	☆		
		② 养成预习和复习的习惯，能主动阅读课外书。	☆			☆	
		③ 作业认真、工整，做完作业能自己整理书包。		☆	☆		
心理健康	情感情绪	① 认识到每个人都有喜、怒、哀、乐。	☆	☆			
		② 能与同学父母一起分享快乐，有烦恼能请求帮助。		☆		☆	
		③ 面对学习和活动中的困难不过分害怕。		☆	☆		
	快乐交往	① 喜欢交往，与人交往大方自然，能与同学伙伴合作。	☆	☆			
		② 欣赏同学优点，不妒嫉比自己强的同学，和班里大部分同学友好相处。		☆		☆	
		③ 能主动帮助有困难的人，富有同情心。		☆	☆		

（三）建设"天籁社团"，优化兴趣特长课程

开展"天籁社团"活动是我校课程建设的重要组成部分，它是实现学校课程理念的

重要载体。"天籁社团"的开设对于保护孩子的天性,珍视每个学生的天籁,尊重、理解、悦纳学生,并努力为每个学生提供最适合的教育具有重要的意义。

1."天籁社团"的主要类型

学校围绕六大类课程,开设如下社团(见表4-10)。

表4-10 "天籁社团"设置表

序号	类别	社 团 名 称
1	语言类	吟诵队、金话筒主持人、小记者站、英语角、英语剧……
2	思维类	杨辉三角、柏拉图立体、象棋、五子棋、智慧指尖折数学……
3	科技类	航模、机器人、科学实验、魔方、魔术、绿色能源电动车……
4	艺术类	合唱、中国舞、玩转色彩、儿童画、扎染、版画、啦啦操、古筝、葫芦丝、书法、陶艺、超轻黏土、手工DIY、毛线编织、纽扣画、剪纸……
5	健康类	篮球、足球、羽毛球、乒乓球、花样篮球、花样跳绳、飞轮、心理剧表演……
6	特色类	宗鹤拳、当青铜器遇上染布坊……

2."天籁社团"的评价要求

我校将从社团管理、活动组织与开展、成果汇报这三个方面对"天籁社团"进行评价,采用每周的活动开展情况评价与学期末的综合评价相结合的方式,具体评价标准如下(见表4-11)。

表4-11 "天籁社团"评价细目表

项目	评价标准	得分	评估方法
社团机构与管理	1. 社团管理体制完善,机构设置合理,制定符合学生实际的社团建设实施方案、课程纲要、课时教案。(10分)		1. 实地查看 2. 材料核实 3. 师生座谈 4. 成果展示 5. 活动巡查
	2. 建立、健全并严格执行社团各项规章制度。(5分)		
	3. 社团会员人数适合,规模适度,成员资料档案齐全。(5分)		
	4. 指导教师认真负责。(10分)		
	5. 学生社团要突出学生的主体性和创造性,使学生在社团活动中自治自理、健康发展。(5分)		

项目	评价标准	得分	评估方法
	6. 社团活动空间固定,环境良好,有相应的文化建设。(5分)		
活动组织和开展	7. 经常和定期开展社团活动,组织有序、记录完善。(20分)		
	8. 社团活动内容丰富,形式多样,体现实践性和综合性,有利于培养和锻炼学生多方面的素质,再现和表现校园文化精神。(10分)		
成果汇报	9. 社团成员或集体活动成果显著。(20分)		
	10. 在天籁嘉年华展出活动中表现突出,对学生有一定的吸引力。(5分)		
	11. 每个学期至少在公众号或美篇上发布信息报道5篇。(5分)		
		合计得分:	

(四) 创设"天籁节日",浓郁学校课程氛围

"天籁节日"是学校课程的重要载体。开展更多适合学生个性发展的节日主题活动课程,激发学生参与的兴趣,丰富学生的经历和情感。

1. "天籁节日"的创设方法

为浓郁校园文化,我校以"传统节日课程""现代节日课程""校园节日课程"为互动主题,努力营建校园文化课程。

(1) 传统节日课程。传统节日具有丰富的和谐文化内涵,民族的文化精神通过课程系统的传递,使传统的文化变得可感可触,生动形象。我们以节日课程为依托,通过体验节日文化习俗,开展"精神寻根"。具体课程如下(见表4－12)。

表4－12　传统节日课程表

月份(农历)	节日	主题	活动
一月	春节	浓浓的亲情	剪窗花、写对联、贺新年
一月	元宵节	烈烈的思乡情	赏花灯、猜灯谜、吃元宵
三月	清明节	深深的思念情	忆先烈、做花束、扫陵园

月份	节日	主题	活动
五月	端午节	强烈的爱国情	包粽子、念屈原
八月	中秋节	淳淳的民族情	做月饼、绘月亮、讲故事
九月	重阳节	真真的敬老情	敬老人、献孝心

　　利用班队会活动课及各学科拓展课程,深化传统节日课程主题活动,将传统节日课程做活,做系统,做扎实。

　　(2)现代节日课程。现代节日包含着人们对美好生活的寄托和希望,我们开展"现代节日课程",旨在引导学生关注生活,增强生活仪式感,唤醒孩子对生活的热爱。具体课程如下(见表4-13)。

表4-13　现代节日课程表

时间	节日	主题	活动
一月	元旦	新年新气象	1. 制作一份新年规划 2. 订下一个小小目标
三月	妇女节	我爱妈妈	1. 亲手给妈妈制作一张贺卡 2. 送给妈妈一支歌 3. 给妈妈说一句暖心的话 4. 为妈妈做一件力所能及的事
五月	劳动节	劳动最光荣	1. 我是社区服务小能手 2. 我身边的劳动模范 3. 评选班级劳动小模范
六月	儿童节	少年强则国强	1. 亮亮我的成绩单 2. 才艺展示
七月	建党节	我是优秀少先队员	1. 学习党的历史 2. 学画党旗、党徽 3. 我身边的共产党员
八月	建军节	拥军爱民	1. 走进军营 2. 革命故事比赛 3. 赠送拥军大红花
九月	教师节	老师,您辛苦了!	1. 出一版敬师黑板报 2. 我给老师敬杯茶 3. 说一句感谢老师的话

时间	节日	主题	活动
十月	国庆节	祖国妈妈我爱你	1. 学唱国歌 2. 国旗国旗我爱你 3. 爱国歌曲合唱比赛 4. 我做升旗手
十一月	感恩节	谢谢你的爱	1. 对爱我的人说声"谢谢" 2. 为爱我的人做件力所能及的事

利用班队会活动课、国旗下演讲、各学科拓展课程,深化现代节日课程主题活动,将现代节日课程做好,做出新意,做得深入人心。

（3）校园节日课程。校园节日是以学生的校园生活为依托,由学生自主设计的校园文化课程。校园节日课程充满了仪式感,增强了学生的责任心和参与度。具体课程如下(见表4-14)。

表4-14　"校园节日"课程表

时间	节日	主题活动
九月	入学季	设计实施新生系列入学课程,让新入学的学生了解学校,了解老师,热爱学校,热爱上学。
十一月	足球节	动感足球操展示　班级足球联赛
十二月	学科节	各学科进行深化学科核心素养的系列活动。
四月	读书节	经典诵读展示　滨小朗读者表彰　《滨江赋》展示
五月	科技艺术节	体验多彩课程　展示学习成果
六月	毕业季	设计实施系列毕业课程,对母校多一点留念,多一些感恩;对初中生活多一些了解,多一些准备。

为了给学生们搭建圆梦舞台,学校将每年的读书节、体育节、科技节、艺术节作为课程来开发,称为"四大节庆"课程。春有读书节课程,助学生们在经典浸润中成长,在书香中放飞梦想;夏有科技节课程,集中展示课程,融科技和艺术为一体;秋有体育节课程,助学生们在阳光运动中茁壮,在绿茵场上追寻天籁;冬有艺术节课程,让孩子们

在艺术的舞台上拥抱美好。四大节庆课程不是终点，而是起点，课程全年都在进行，让学生们展示自我，随时得到圆梦成功的体验。

我校精心设计入学课程，给学生一个良好的开端，用"天籁教育"理念为学生成长导航。课程旨在消除一年级新生焦虑心理，帮助他们安全度过"心理调适期"，实现"软着陆"。这是幼小教育的交接点，也是给学生创设最美的最初相遇的关键时期。幼童在大班毕业前就组织他们来参加小学部的升旗仪式，走进课堂感受小学课堂生活，进行幼小衔接。开学前给家长一封信，告诉家长如何配合学校做好开学各项准备，并征集小朋友们的靓照做笑脸墙。开学第一天，举行开笔礼，引领学生们观看"三声"文化墙。在"开学第一课"上，我跟孩子们亲密接触，现场用大毛笔书写"人"字，讲述"人"字的内涵，告诉孩子们如何做一个堂堂正正的中国人，进行中华文化的熏陶。

2. "天籁节日"的评价标准

根据"天籁节日"课程内涵，我们综合课程活动前的方案设计、活动时的课程实施、活动后的活动效果等情况进行评价，具体如下（见表 4－15）。

表 4－15 "天籁节日"课程评价表

评价内容	评 价 标 准	权重分	得分
方案	1. 主题鲜明、立意新颖、寓意深刻，具有时代性、科学性、针对性、实效性、教育性。 2. 内容贴近社会现实、贴近学生实际生活，符合学生身心发展规律，紧扣主题，突出重点。 3. 活动设计有特色有创意，体现课程的实践性、自主性、综合性、创造性和趣味性。	30 分	
实施	1. 情景设计合理，操作性强，能体现综合运用知识的能力。 2. 依据所确定、分解、细化的具体内容选择活动。 3. 按照"近、亲、实"的原则选择活动。 4. 采取多种形式呈现。 5. 设置拓展性、开放性的，能给学生思考空间的问题，引导学生体验和感悟。 6. 面向全体学生，关注学生的个性和差异，注重培养学生的实践能力，教育作用明显。 7. 师生互动，学生参与面广，能充分体现学生主体、教师主导的课程理念。	30 分	

评价内容	评　价　标　准	权重分	得分
效果	1. 活动目标明确,有明确的导向和时代性。 2. 活动形式新颖、独特、多样,让学生充分展示自我。 3. 促进学生身心健康发展,学生情感态度价值观得到转变。 4. 学生有认识,有感悟,自我教育能力得到增强。	40分	
合计得分		100分	

(五) 打造"天籁校园",活跃校园环境课程

校园环境是无字的教科书,是校园内看得见的文化形态,对校园内的每一个成员都起着潜移默化的熏陶和启迪作用。我们根据"天籁教育"的理念,充分挖掘校园环境中的"三声"文化,开发落实校园环境课程。

1. "天籁校园"的课程设计

我们从提升学生的心灵品质出发,挖掘校园围墙、操场、廊道、楼梯间、班级等资源,建设"天籁校园"环境课程,让"三声"文化融入校园各个角落,让学校的所有空间都发挥它的教育价值(见表4－16)。

表 4－16　"天籁校园"环境课程设计表

地点	课程目标	课程资源	活动设计
"三声"文化主题墙	利用校园大门口围墙展示"三声"主题文化,结合活动开展,让孩子们感受学校文化的魅力。	(1) 学校大厅主题展示墙 (2) 二层走廊"书声润" (3) 三层走廊"笑声扬" (4) 四层走廊"歌声飞"	
星光大道	激励争优创先,争当"天籁少年"。	"滨江少年"争星榜	利用校园空间,让孩子们进一步感受天籁文化的魅力。
"三声秀场"	利用"天籁舞台",为学生创设一个表达自己、展示自己的平台。	"三声秀场"	利用升旗仪式时间,分年级分班级鼓励学生登上"三声秀场",可以秀朗诵,可以秀才艺,可个人,可团体。

地点	课程目标	课程资源	活动设计
"三声"文化廊道	将主题与学生作品结合布置廊道,结合开展相应的活动。	每一层廊道上结合楼层年级分别从"天籁课堂""天籁学科""天籁社团""天籁之旅""天籁节日"等方面展示学习成果。	(1)经典诵读会 (2)读书分享会 (3)各种社团展示 ……
"天籁文化"空间	用创客作品点燃学生激情。	当青铜器遇上染布坊	学生创客作品展示
温馨班级	以"天籁文化"创设各具特色的班级氛围,开展合适的班级活动,陶冶学生情操,增强班级凝聚力。	(1)特色班牌 (2)学生各类作品秀 (3)黑板报 (4)好人榜 (5)活动角 ……	(1)教室环境布置 (2)设计班级口号 (3)好人故事会 (4)评选展示学生各类作品 ……

在推进课程实施方面,我们将墙壁文化与廊道文化课程整合到社团活动或学科拓展课程群中去,把班级文化课程整合到班队会课中去。

2."天籁文化"的课程评价

我们根据"天籁文化"校园环境课程的意涵,结合"最美廊道"和"最美班级"的评比活动,设计以下课程评价表(见表4-17)。

表4-17　"天籁文化"校园环境课程评价量表

评价内容	评　价　标　准	权重	得分
环境布置	1. 主题鲜明,突出学校"三声"文化内涵,陶冶师生情操。	15	
	2. 各栏目(版块)内容更新及时,内容丰富,有时代感。	15	
	3. 墙面(地面)干净整洁,无卫生死角。	10	
	4. 文字内容无错别字。	10	
活动开展	1. 活动主题突出,活动形式新颖,活动效果好。	15	
	2. 教师组织有序,学生积极性高。	15	
	3. 与学科教学、班队会活动有机整合,每月至少开展一次主题活动。	10	
	4. 每学期的展示时,学生解说流利,体现廊道(围墙、班级)特色。	10	
合计得分		100	

(六) 推行"天籁之旅",开发研学旅行课程

《中小学综合实践活动课程指导纲要》中明确指出:"研学旅行课程"是基础教育课程体系的重要组成部分。小学阶段要通过亲历少先队活动、场馆活动和主题教育活动,参观爱国主义教育基地等,获得有积极意义的价值体验。

1. "天籁之旅"的课程设计

为全面实施素质教育,深化课程改革,整合各科资源,结合我校实际与不同学段学生的年龄特点以及各学科教学内容的需要,我校一到六年级开展了"走进大自然""体验之旅""探寻科技奥秘""家乡的名胜古迹""了解红色故土"等不同主题的旅行研学课程。我校"天籁之旅"课程设置具体如下(见表4-18)。

表4-18 "天籁之旅"活动表

年级	主题	地点	活动板块设计
一	走进动物世界	永鸿动物园	预学: 了解常见动物的特征和生活习惯。 共学: 你看到了什么动物? 能把它们分分类吗? 说出你的分类标准。 延学: 1. 画出最喜欢的动物。 2. 以填空的形式完成观察日记。 3. 分享收获。
二	寻根龙江	龙江文化遗址	预学: 出游时需要准备哪些物品? 共学: 你体验了哪些游乐项目?请分类填写并用图表示出他们的运动方式。 延学: 以数学日记的形式分享今天的收获。
三	科技探秘	科技馆	预学: 1. 了解科技馆的位置。 2. 找出合理的出行方式并作出预算。 共学: 1. 记录所参观的展厅,找到自己最喜欢的展厅,说出自己最喜欢它的理由。 2. 用学过的方位词绘制出从学校出发到科技馆的路线图。

年级	主题	地点	活动板块设计
			3. 写出自己最感兴趣的科学现象,了解产生这种现象产生的原因。 4. 知道自己所在的位置,完成方位的填写。 延学: 1. 完成自己的体验日记 2. 分享自己参观体验过程中的所思所感所想。
四	家乡的名胜古迹	灵石公园 南少林寺	预学: 1. 了解福清南少林的历史。 2. 在地图上找到家乡名胜古迹的位置。 共学: 1. 用方位知识绘制参观游览路线图。 2. 找出最实惠的出游方式。 延学:写一篇心得体会。
五	福清制造	福清核电站	预学: 你了解的福清制造有哪些? 共学: 1. 核电站是怎么制造出来的? 图文结合描述制作过程。 2. 在参观中最让你惊叹的是什么? 延学:完成科幻作文或者科幻画:未来的福清制造。
六	红色故土	溪头革命纪念馆	预学: 了解福清革命历史。 共学: 1. 最感动你的人物和事迹是什么? 2. 按比例画出纪念馆的平面示意图。 延学:完成一份"英雄在我心中"的手抄报。

课程的设置尊重孩子的兴趣和需求,作业单的设计不仅关注学生游学过程中的体验,更注重研学前的预学和研学后的延学。具体操作步骤:(1)根据研学课程对学生进行相关知识、能力等方面的专业指导。(2)制定相应的研学活动要求及评价措施。(3)展示交流,对研学活动中学生的表现及作业进行星级评价。(4)研学课程结束后,对本次活动进行总结,提出修改意见和建议。

在课时安排方面,小学一至二年级每学期不少于1课时;小学三至六年级每学期不少于2课时。要充分利用节假日和寒暑假,可个人单独进行,也可以小组合作方式开展。

研学课程不仅让学生走出校园去认知社会、认识自然,而且在旅行的过程中还陶冶了学生的情操、增长了学生的见识,使学生在体验不同的自然和人文环境的同时,激发起关爱自然、关心发展、进行科学探究的愿望,培养了学生热爱家乡、热爱社会的思想情感,从而全面提升了学生的综合素养。

2. "天籁之旅"的评价要求

"天籁之旅"课程要求做到"学"得扎实,"研"得尽兴,"旅"有所获,"行"有所成,具体评价标准如下(见表4-19)。

表4-19 "天籁之旅"课程评价表

评价项目	评 价 标 准	权重分	得分	
课程设计	确定研学目标、研学内容、评价方式;体现实践性和创新性。	15分		
课程实施准备	准备充分;过程中关注学生良好习惯的培养与课程教师的专业成长。	15分		
课程实施安排	课程实施过程与社会进步、科技发展、学生经验有机联系,把知识技能的学习与学生创新精神和实践能力的培养有机结合。立足于"自主、合作、体验、发展"的实施策略和模式,为学生的自主选择和主动学习提供较为理想的课程环境。	20分		
课程实施体验	学生在最真实的场景下有独特、丰富的体验。	20分		
安全保障	安全方案与应急预案制定合理;处理突发事件及时,师生安全有保障。	15分		
活动总结	通过公众号信息发布、书写感受、班会交流等形式对研学效果进行总结。	15分		
合计得分		100分		

活动链接:"醉美龙江"研学之旅

叶澜教授说:"课堂应是向未知方向挺进的旅程,随时都有可能发现意外的通道和美丽的图景。"丰富的课程经历,将带给孩子多元的生活体验。

文化坐标——古邑水利,源远流长

1. 历史与文化

福清建县于唐代,距今已有1319年历史。山的挺拔、海的宽广,山海交融积淀出福清千年文化底蕴。福清母亲河——龙江孕育出被誉为"海滨邹鲁，文献名邦"的玉融文化，是海上丝绸之路的连接之一，见证福清历史文化的变迁，留下了唐陂、宋桥、元佛、明塔、清寨等文化遗迹。每一座历史建筑都有自己独特的韵味，经过历史的洗礼，见证了文化的精彩与博大。

滨江小学位于五马山之麓，龙江河畔。历史悠久的文化遗迹为天籁研学之旅提供了优质的探究情境。背好行囊，踏上行程，去聆听、感受那山水之间的天籁……

天宝陂始建于唐天宝年间，距今已有1 200多年历史，是闽中地区现存最古老的大型水利工程（见图4-25）。千百年来，天宝陂起到蓄水、引水和灌溉的功用，经久不衰、为民造福。2020年1月20日，天宝陂成功入选世界灌溉工程文化遗产候选名录，为世人所关注。

图4-25　福清市天宝陂

2. 结构与应用

天宝陂以条石砌筑而成，呈台阶式结构（见图4-26），坝高3.5米，总长289米，其中150米为唐至明代所修的旧坝，引水干渠全长19.4千米，引水流量1.5立方米/秒，总灌溉面积达1.9万亩。

天宝陂工程的治水方针，体现了中国古代哲学"道法自然""天人合一"的内涵。工程布局利用山形地势，水量控制采用顺应引导，工程材料就地取材、注重环保。

3. 课程设计——走进历史，见证发展

"龙江之水"研学课程设置如下。

图 4 - 26　天宝陂台阶式堤坝结构

（1）课程图谱

包括：追根溯源、巧夺天工、惠民工程、龙江之脉、绿色龙江（见图 4 - 27）。

图 4 - 27　龙江之水研学课程设置图谱

（2）课程目标

一是通过研究，了解天宝陂水利工程的历史价值、人文价值和艺术价值。研究天宝陂的结构原理及作用，明确天宝陂的应用优势，探寻天宝陂的灌溉面及灌溉原理，了解龙江水污染治理方案，理解文物保护的重要意义。

二是在考察访问与实践体验中，引导学生认知世界、认识社会、认识大自然，培养学生的社会责任感，培养学生综合运用知识的能力，让每个孩子感受生命的天籁。

4. 课程内容

分五大模块,具体如下。

模块一:追根溯源,了解天宝陂的历史价值及文物保护。

模块二:巧夺天工,研究天宝陂的结构原理及作用。

模块三:惠民工程,明确天宝陂的应用优势。

模块四:龙江之脉,探寻天宝陂的灌溉面及灌溉原理。

模块五:绿色龙江,了解龙江水治污方案。

5. 课程实施——行走路上,且行且思

天籁研学之旅立足学校的育人目标,用项目、问题的方式,将各学科进行统整,做到各学科间的共鸣与融合,形成课程与学校文化的深度共鸣。

(1)搜索式学习。了解天宝陂历史人文价值、艺术价值、历史衍变及现状。研学中,学生通过上网查找、翻阅书报搜集资料,并按照需求进行信息的提取和整合,提高获取信息的速度和广度,丰富解决问题的方法,培养学生的信息提取能力。

(2)考察式学习。研究天宝陂的结构原理及作用,研学中,学生在收集资料的基础上,来到天宝陂实地调查、测量计算、拍照描绘、分析研究、进行实情记录,欣赏劳动人民的智慧。

(3)探究式学习。研学中,学生通过查阅资料、实地探究、走进国土资源局、水利局问询,明确天宝陂的应用优势及天宝陂工程的治水方针。

(4)行走式学习。了解天宝陂的灌溉原理及灌溉面积,引导学生沿着灌溉图谱乘车实地考察,采访有关人员,通过观察、交流、探究,拓宽视野、增加体验、锻炼能力,理解龙江对福清发展的重要意义,培养对母亲河的深切情感。

(5)项目式学习。围绕了解龙江水治污方案,确立探究项目。引导学生主动参与、乐于探索、分工合作,通过实地探访、调查取样、实验研究,最后整理资料、撰写研学报告,进行研学成效评价及研学成果汇报,充分体现研有所得,学有所获。

研学,是行走的课堂,是真正融合了语文、数学、美术、音乐、历史、科学等学科的开放性课程,它还涉及生态、水利、建筑等领域,真正实现项目式跨学科的综合性学习。

“龙江之水”研学课程实施通过多种学习方式,以学习为中心、以问题为中心、以行动为中心,把学生的社会实践、个性发展、职业启蒙和创新能力培养等相结合,在学生与世界打交道的过程中,让真实的学习在行走中发生,让每个孩子感受生命的天籁。

6. 课程评价——关注全程，相伴美好

"醉美龙江"研学课程结合"天籁教育"理念及课程目标，树立全新的评价理念，立足学生的学习和发展，重视对学生学习潜能的评价。教师给学生提供充分的展示舞台和机会，采用嵌入式、分享式、团队式、展示式等多种评价方式，将评价贯穿研学的整个过程，多学科、多维度的评价使研学之旅充满生机与活力，让美好伴随学习全程。

（1）嵌入式评价。嵌入式评价要求各学科教师挖掘原有学科与本课程的交集点，结合学校育人目标，灵活运用不同的方式对学生在研学中的表现进行评价，注重学生的发展过程，重视学生素养的提升。

（2）分享式评价。分享式评价借助学习模块任务单，组织学生分享学习内容和学习成果，收集个人研学所获的资料，最后整合成研学报告，鼓励学生将研学成果汇报给有关部门，如龙江水治污方案、天宝陂文物保护的建议等，培养学生的社会责任感。

（3）团队式评价。团队式评价注重对团队合作成果的评价和团队合作组织情况的评价，关注每个成员参与的积极性，把个人评价和集体评价结合起来，使学生更加重视自己在集体中的价值和作用，并在教师和同伴的激励中获得潜能的发展。

（4）展示式评价。学生就如多棱的宝石，从不同角度、不同侧面都能发出璀璨的光芒。展示式评价要求教师善于发现并挖掘学生优势，给学生创设展示丰富多彩的学习成果的舞台，进行全方位多角度的透视性评价，学生在相互欣赏和评价中获得自信与成功的体验，让美好伴随学习全程。

古人云：读万卷书，行万里路。研学是行走的学习，生活是最好的书本、最生动的教材。学习不局限于书本，不拘泥于静态，它可以天地为书卷，以手足代笔砚，到生活中去，到自然中去，到社会中去，让孩子走进社区、走进社会、走向世界，成为社会的小主人，在生活中探索，在探索中遇见更美好的自己。

（七）创设"天籁空间"，落实创客教育课程

我校"天籁空间"是基于学生兴趣，以项目学习的方式，使用数字化工具，倡导造物，鼓励分享，培养跨学科解决问题能力以及团队协作能力的一种创客课程。

1. "天籁空间"课程设计

我校着力打造以现代科技为基础的创客空间，着力设计以陶艺坊、木工坊、3D打印、机器人、科学实验、航模为代表的创客精品课程，从而进一步加强了对学生实践能

力和创新精神的培养,为学生个人潜力和兴趣爱好提供了新的发展空间(见表4-20)。

表4-20 "天籁空间"课程设置表

课程名称		内容	方式	时间
学科创客课程		利用各学科特点培养学生的创客精神。	各学科课堂	
特色创客课程	陶艺馆	手工、烧纸、彩绘……	走班上课、社团	每周一次
	木工坊	手工、拼装……	走班上课、社团	每周一次
	3D打印室	了解3D打印;三维设计样品;三维打印和制作等。	走班上课、社团	每周一次
	机器人工作室	拼装、编程	走班上课、社团	每周一次
	科学实验室	小制作、小实验……	科学课、走班上课	每周两次
	航模小组	组装操作以及制作等有关知识	走班上课、社团	每周一次
	绿色能源电动车	组装、美工、操作训练……	社团	每周两次

充分利用各学科的特点开展学科创客课程,培养学生创客精神;利用科学课、走班课、社团活动等开设航模、绿色能源电动车、3D打印、机器人、科学实验等特色创客课程;同时利用学校的科技文化节,做好学生创客成果展示活动。此外,积极参加省市区组织的各项竞赛活动,开阔学生眼界,培养学生的创新思维,丰富学生的创新实践。

2."天籁空间"的课程评价

我们设计以下评价表来评价教师和学生,以了解课程实施效果(见表4-21)。

表4-21 "天籁空间"课程评价表

评价对象	评价内容	评价分值	实际得分	总分
学习者	1. 项目学习中,创造协作能力、发散思维、解决实际问题的能力得到训练与提高。	20		

评价对象	评价内容	评价分值	实际得分	总分
	2. 成果分享时,不仅会表达激情,而且会向同伴传达重要知识;不仅会欣赏,而且会创造性地激励对方。	15		
	3. 会反思自己发现了什么,提出新的理论,明确下一步的做法	15		
教育者	1. 在课程设计与组织教学时,有具体的课程目标,明确的项目要求。	15		
	2. 会使用多样化、实用性强的质性评价手段(档案评估法、观察法、表现性评价法),注重过程性评价,采用学分制的计分方式。	20		
	3. 会鼓励学生大胆尝试冒险,激励学生不断创新。	15		

(八) 做活"天籁项目",推进跨学科课程整合

我们充分发挥跨学科统整的优势,架构起知识世界与生活世界的联系,分步骤、分阶段的实施项目式学习课程。学习将从认识自然、了解生活、认识海洋、了解宇宙、探索航空、解读科学精神六个主题出发,运用多学科知识,开展项目学习。

1. "天籁项目"的专题设计

每学年,根据学生的具体情况,学校将围绕不同的项目进行梳理与整合,开展跨学科专题类项目课程的实施(见表4-22)。

表4-22 "天籁项目"课程实施表

	学习主题	整合课程	学习方法	表现形式	过程步骤
一年级	自然界中的奥秘	全学科	观察法记录法拍摄法和父母一起合作学习法。	写绘种植照片……	1. 召集一年级全体老师详细设计此项目学习的步骤。 2. 发布学习任务。 3. 呈现学习成果。 4. 评选学习成果。

	学习主题	整合课程	学习方法	表现形式	过程步骤
二年级	生活中的科学	全学科	观察法 测量法 查阅法 实验法 记录法 拍摄法	拍摄科技小视频 实验记录 科学小论文	1. 召集二年级全体老师详细设计此项目学习的步骤。 2. 发布学习任务。 3. 呈现学习成果。 4. 评选学习成果。
三年级	探秘龙江	全学科	搜集资料法 观察法 写作法	拍摄科技小视频 实验记录 科学小论文	1. 召集三年级全体老师详细设计此项目学习的步骤。 2. 发布学习任务。 3. 呈现学习成果。 4. 评选学习成果。
四年级	探索天文奥秘	全学科	搜集法 观察法 实验法 讲解法 合作法	科技小论文 科学小模型	1. 召集四年级全体老师详细设计此项目学习的步骤。 2. 发布学习任务。 3. 呈现学习成果。 4. 评选学习成果。
五年级	核电探秘	全学科	阅读法 实验法 讲解法 合作法 动手操作法	原子核模型 科学制作 科幻画 科幻作文	1. 召集五年级全体老师详细设计此项目学习的步骤。 2. 发布学习任务。 3. 呈现学习成果。 4. 评选学习成果。
六年级	解读科学精神	全学科	阅读法 讲述法	讲述：祖先及现代科学家的故事及身上闪耀的科学精神	1. 召集六年级全体老师详细设计此项目学习的步骤。 2. 发布学习任务。 3. 呈现学习成果。 4. 评选学习成果。

2. "天籁项目"的课程评价

在进行"天籁项目"课程评价时，我们从专题设计、学科介入、实施方式、效益四个方面来设计评价标准，具体如下（见表 4 - 23）。

表 4–23 "天籁项目"的评价实施细化量表

评价指标	评 价 内 容	评价得分
主题设计	选题新颖,主题鲜明,具有时代性、科学性、教育性。（10分）	
学科介入	1. 围绕专题,充分发挥各学科特点进行统整。（15分）	
	2. 整合的学科活动设计恰当,有特色有创意,体现课程的实践性、自主性、综合性、创造性和趣味性。（15分）	
实施方式	1. 专题整合的各学科教学活动在规定的时间内完成。（10分）	
	2. 面向全体学生,关注学生的个性和差异,注重培养学生的实践能力。（10分）	
	3. 师生互动,学生参与面广,能充分体现学生主体、教师主导的理念。（10分）	
	4. 及时总结、交流、评价。（10分）	
效益	1. 全体学生积极主动参与活动,得到锻炼,学有所获。（10分）	
	2. 学生的探究精神、合作精神、创新精神得到发挥,实践能力有所提高。（10分）	
合计得分		

综上所述,课程实施和评价是将课程规划的美好愿景转化为脚踏实地的实践过程,是反映办学理念、落实课程理念、实现课程模式、验证课程类别、实现育人目标的过程。

五、让课程变革落地

（一）坚持用"天籁教育"的立场与观点指导学校课程建设

学校文化是学校的影响力、生命力、发展力的隐性表现。在学校课程规划中,我们重点关注学校文化的顶层设计,形成一种具有引领性的学校文化,努力营造一种直观的文化环境,使其成为学校的精神图腾,指导学校的课程建设。根据"天籁教育"理念,我们编制"我们的教育信条",并以此作为全体教职员工的价值引领。疏理原有的管理制度,构建基于"天籁教育"理念的课程管理体系,把学校各项管理工作与"天籁教育"结合起来,进一步深化课程的"价值领导",从"文化自觉"的高度认识"天籁教育"理念对学校课程建设的重要意义。

（二）以组织建设充分保障学校课程建设顺利深入地推进

　　围绕学校课程建设的方向和目标，成立学校课程建设领导小组，加强对课程建设规划统筹的力度。为充分保证课程的落实与推进，学校建立有效的课程组织机构，明确分配有关人员的责任、权限和运行规则，利用组织的力量有序推进课改（见表4-24）。

表4-24　课程主体任务表

目次	名称	成员	任务
1	课程领导小组	校长，分管课程、教学、德育、科研等副校长	根据校情，具体决策、规划学校课程建设总体方向；从理念上引领、指导课程教学与管理工作，及时提出改进方向；确定每学期课程教学工作重点；指导课程教学部门开展工作。
2	课程研发小组	课程开发小组组长	围绕办学特色，全面落实学校课程方案的研发，主要包括：规划学校课程框架结构、课时配比和课程开发方案；制定学校课程开发方案；制定学校课程评价方案；制定学校校本研修方案。
3	科研处	主任	对课程策划和管理提出建议；配合课程开发中心完成课程制度疏理；配合做好专题教研组织工作；指导教研组、教师选准教科研课题，并予以阶段性的专业辅导；认真组织、修改、编辑教师教学反思和专题科研论文。
4	年级组	年级组长	随时关注本年级课程教学质量，及时与年级组成员进行沟通，及时向学校领导反馈年级组课程教学情况；每次大型考试后做好本年级质量分析，召开年级组质量分析会。
5	教研组	教研组长	清晰本学科组现状，能组织组员进行课程开发和实施；确定每学期本组教研专题，认真组织各次教研活动和校本研修活动；认真关注、积极引导组员专业发展；及时向学校领导反馈本组情况，积极参与教学部门工作商讨，献计献策；抓好教研组常规工作；对组员进行教学常规考核。
6	备课组	备课组长	认真策划备课组学年、学期课程教学工作，找准备课组发展抓手；团结组员，发挥组员优势，配合教研组长做好专题教研活动，做好每学期备课组同课异构教研的组织工作；组织组员相互听课，经常性进行集体备课，即时研讨；浓厚组内教研氛围。
7	教师		明确自身在课程中职责，本着为学生负责，为学校负责，为自己负责的责任意识，主动为学校课程建设献计献策；做好、做精课程常规工作，积极、主动地参与各项教研活动，不断完善教学行为，提升专业素养。

（三）把课程研修作为学校课程建设的专业保障

提升教师的课程能力，关注教师的课程参与，是学校课程改革的重要保障。我们拟成立教师发展共同体，倡导精益求精的专业精神，塑造"发展，没有尽头"的专业文化。在滨江小学，任何教师都没有停下脚步的理由，每位教师都要追求专业品质的不断精进。当然，学校在这方面需要采取步进辅助的策略，即我们把教师划分为新手型、熟练型和专家型三个层级，每个层级都有具体的课程发展目标和富有操作性的专业发展措施。针对不同教师的实际情况，适时地给予有针对性的帮助。

（四）形成有利于学校课程深度变革的制度文化

我校课程制度有利于规约课程行为，使之按要求做；保障课程职责，使之各司其职；促进课程发展，使之顺利推进。因此，我们将全面疏理学校的各项制度和管理模式，提高师生在学校制度建设和行政管理上的知晓率和参与率，充分发挥主人翁精神，推进党务、校务公开，发挥好教代会、工会、少代会的功能。用民主管理、人本管理夯实学校文化主旋律的底蕴，形成"以人为本，刚柔相济"的制度文化和"民主公开、廉洁高效"的管理文化。特别是要建构课程认证制度、课程实施过程评估制度、课程实施成效评价制度等，有力推进学校课程建设。

（五）以课题研究的方式对学校课程变革进行聚焦

扎实有效的研究是学校课程深度变革不可缺失的工具。苏霍姆林斯基说过："教师在研究状态下工作是一种幸福。"这样做，不仅会有利于带动我们观念的转变，观察问题角度的转变，教育行为的转变，而且会让我们体验到思考的快乐、钻研的快乐、成功的快乐。这是一种教育境界，是一种幸福体验。现在，我们迫切需要的是让课程理论与实践在教师身上真正地结合起来，催生出一大批课程实践研究型教师，真正推进学校课程深度变革。

（六）提升学校空间与学习的互动性和美感度

引入学校空间课程领导的理念，结合"天籁教育"特色进行整体设计，为学校课程发展提供硬件上的支持与保障。在建筑设施、校园环境与设备规划等学校空间的设计和建造上，促进教育意境、学校课程、教师教学、学生学习和行政管理的提升，为福清百姓奉献一座设计合理、环境优雅、人文和艺术相结合的现代化校园。

立足地域特色,做活"天籁校园",努力用优良校风影响学生,用高尚师德感染学生,用优美环境陶冶学生,用崇高典范激励学生,用丰富课程浸润学生,用优秀作品吸引学生。让我们的校园视野开阔,环境宜人,温润柔和,呈现天籁般的美好境界。

第 五 章

『天籁教育』的教学策略

　　荷尔德林说过:"人,诗意地栖居在大地上。"这句话可以表征为教育的一种至纯追求。教育无声,教育无痕;教育有声,教育有色,这些说法并不矛盾。"天籁教育"所追求的课堂教学呈现出自由呼吸的感觉,是生命本然的样子。学习不是毫无热情地把知识从一个头脑装进另一个头脑,而是师生之间每时每刻都在进行心灵的交流,进行心灵的碰撞。课堂是一场生命旅程,洋溢着生命光彩、充满诗意与美好,孩子们从课堂中能得到愉悦、幸福和满足。

培根说:"知识就是力量。"我认为这话说对了一半,知识的确是人的素养不可或缺的重要组成,但仅有知识还不足以产生力量,过分强调知识的作用容易陷入"唯分数论"误区。在全球化国际竞争日趋激烈的今天,对人才的培养提出更高的要求,如科学精神和人文底蕴,是必备品质和关键能力,就需要自由活跃的课堂氛围,需要参与式、体验式、探究式、开放式的教学方法,如果我们依然用被动接受的方式来培养学生的创新意识,那无异于缘木求鱼。"天籁为魂,课堂为根",唯有课堂,方能让"天籁教育"落地生根。本章从"天籁课堂"的价值追求和实践样态两个方面阐述"天籁教育"的教学策略。

一、课堂,自由呼吸的感觉

荷尔德林说过:"人,诗意地栖居在大地上"。这句话可以表征为教育的一种至纯追求,课堂教学应把"人"放在中央,给人一种舒适感,一种情感,一种智慧。教育无声教育无痕,但教育同时也是有声有色的,教育也是有痕的,"天籁课堂"所追求的正是使课堂呈现出自由呼吸般的自然感觉。

(一)"天籁课堂"是聚焦学习的课堂

让我们一起反思以往的课堂,为什么老师在讲台上不断"敲黑板、画重点",学生在台下依然所得甚少? 为什么减负的口号喊了一年又一年,学生的负担却反而越来越重? 为什么学生一听到放假就眉飞色舞,一提起上学就神情黯淡?"教"与"学"如同两条平行线,没有相互的交点,教如"空中楼阁",学如"海市蜃楼",因为我们不能激发主动、探究性的学习,老师不能站在学生的视角去看待学习,看待知识,学生没法到达老师的高度去理解知识,感受学习,学生一旦成为被动的接受者,就难以激发学习的愿望。"天籁课堂"聚焦学习,强调蹲下来倾听儿童的声音,立足于儿童发展,让探究的愉悦伴随学习全程。"天籁课堂"要求教师创设融洽的情景,激发学生探究的愿望,体验到成功的欢乐,让探究的愉悦始终伴随学习全过程。

苏霍姆林斯基认为:学习的愿望是一种精细而淘气的东西,形象地说,它是一枝娇嫩的花朵,有千万朵细小的根须在潮湿的土壤里不知疲倦地工作着,给它提供滋养。我们看不见这些根须,但是我们悉心地保护它们,因为我们知道,没有它们,生命和美就会凋谢。每个学生都有一颗向上的心,这是人之初的本性,但是需要循循诱导,悉心灌溉,我们也需要足够的耐心来相信每一个生命都有无限的潜能,值得我们尊重与信赖,呵护与灌溉,用生命去影响生命,用信心去创造奇迹,栖居诗意校园,唤醒真我释放活力,这是每一个"天籁教师"的神圣使命!

亲其师,方能信其道;喜其课,才能亲其师。"天籁课堂"究其根源是以"三声"文化为基础,从教师本位向学生本位转变,让孩子向着阳光生长,让课堂洋溢着生命的光彩,让师生拥有幸福而完整的教育生活。

(二)"天籁课堂"是探求真知的课堂

陶行知说:"千教万教教人求真,千学万学学做真人。""天籁课堂"不仅要注重老师的教,而且更要关注学生的学;不仅要关注知识的掌握,而且更要关注能力的培养。老师鼓励学生大胆质疑,充分调动原有认知,关注学习过程,注重探究体验,让学生真讨论、真表达、真学习。比如,在教学《圆的认识》一课的时候,孩子们感受到"圆"的美妙,列举了生活中大量"圆"的例子。有学生提出这样的问题:"生活中为什么这么多物体都是圆的?"孩子们产生共鸣,议论纷纷,此时的课堂热闹非凡,为什么车轮是圆的?为什么下水道井盖是圆的? 一人生疑,众生解惑,原来车轮、井盖设计成圆形正是因为圆的特征"一中同长"(从圆心到周长各点长度都一样)决定的。通过学生的问题,老师停下脚步,改变课堂的节奏,让学生去讨论、去感受、去思辩,进而对本节课的教学重点"圆的特征"的感受更立体更深入。有的同学甚至进一步提到"我们所见到的水果几乎都长成圆球形,这是为什么呢?"在大家都觉得理所当然之处生疑,一石激起千层浪,于无声处响惊雷。老师顺水推舟,就以这个问题为研究切入点,开展项目式探究,引导学生走出课堂,走向生活,通过上图书馆查阅书籍,上网搜集资料,了解到光照、水分的重要性;走访果园,了解水果的生长特性;动手实验,制作水果切片等了解内部构造;假设推理,运用数学知识进行说明等从多视角、多维度去探究。课堂的时间是有限的,但课堂上能承载的却是孩子们无限的想象力。当我们把眼光放得远一些,再远一些,而不是仅仅盯着眼前,课堂就有了别样的生机、异样的风景。

教学是一门艺术,艺术的生命在于求真,"天籁课堂"就是教育的返璞归真。对少年而言,激情胜于智力,真情胜过千言万语。我一直坚信真教育的力量,求真的教育可以改变一个孩子,一个家庭,甚至一个民族。在"天籁课堂"上,老师要真正走进儿童,问需于童,遵循儿童身心发展规律,让学生充满激情和动力,把有意义的事做得有意思! 只有务求真知地看待课堂教学,才能使各方力量不断地相互融合、促进、生长,周行而不改,独立而不殆。

(三)"天籁课堂"是闻声心动的课堂

教育的至上境界是听觉盛宴,"天籁课堂"以"声"为切入点,老师做一名忠实听众,倾听孩子发言的声音,从而倾听孩子讨论的声音,倾听孩子发自内心的声音。波兰的雅努兹·高尔扎克的《向他们的高度看齐》中写道:

您说,和小孩子们打交道实在累人。这您说得很对。

您补充说,因为得向他们的身高看齐,得弯下腰来,低着身子才能和他们说话。这您就错了。

您要做的,不是在身体上下去,相反,却是要在精神上升上去。

您需要放下许多烦恼、包袱和羁绊,小心翼翼地踮起脚尖来,才能向他们的感情高度看齐。

当教师善于"倾听",学生才会愿意"发声",在畅言畅读声中吸纳知识,在下笔沙沙声中表情达意,在思维拔节声中升华情感。引一泓活水于课堂,促进课堂的自主、互动、生成,使教学相长,良性循环。"天籁教育"的上位理论正植入每位滨小教育者的心中,在"天籁教育"理念引领下,我们追寻儿童生命的天籁,畅读畅言声、下笔沙沙声、花开拔节声是每位老师每天都在诠释着、践行着的"三声"课堂。我们能够在课堂上看到孩子们灿烂的笑容,积极的讨论,对自己想法的自信表达,对他人观点的大胆质疑。相信"三声"能在学生心里泛起涟漪,能在学生心间播下种子,我们用爱去培育,使其吸收阳光、雨露、为其施肥、除草,使其在童年的岁月向阳而生,茁壮成长。

课堂是学校教学工作的基本形式,是学生获取知识、习得能力的主要渠道,是学生生命成长最重要的阵地。根据学校的课程理念、课程目标及课程设置,我们追求灵动的、生成的、生本的课堂。学校创设充满生命力的开放性课堂,让"三声"文化接地气,显得更为厚实,更具力度。教师充分把握部编教材的编写意图,紧扣语文核心要素,确立饱满充实的教学目标,通过灵动多样的教学方法,营造愉悦、互动的教学氛围,让"三声"在每一节课精彩落地。

1. 畅读畅言声——自由吸纳和表达

部编版语文教材汇聚了许多著名作家的代表作,一个个精彩的故事,一个个巧妙的写法,都等待学生去品味、去探索。阅读,是语文课堂最基本的呈现方式,也是通往语文世界最重要的钥匙,因此,如何让学生在每一堂语文课中畅读畅言,这是每一位语文老师需要思考的事情。

琅琅书声是课堂最美妙的声音,不论是什么样的课文,我们都要尊重学生自主的朗读。比如,《牛和鹅》这篇课文比较特殊,属于批注阅读单元的首篇,承载着童趣的人文主题及批注阅读策略的教学任务,同时篇幅较长,然而它所呈现的故事十分有趣,其中蕴含的哲学思考也十分耐人寻味。教师在执教过程中放慢脚步,给学生充足的时间去自主阅读,让学生在每一个趣味十足的画面中莞尔一笑,在沉浸式的阅读中将作者的童年与自己的童年相联结,让童真童趣在无声中走进课堂,走入每颗童心。

如何系统地认识批注,如何结合课文内容把握批注的角度及方法是这篇课文的教学重点及难点。教师充分把握学生的已有经验,让学生回忆以前做过的批注,畅所欲言,在学生自由表达后,教师适机小结。原来,批注我们一直都在做,原来我们也都曾通过这些角度做过批注。紧接着教师引导学生再读课文,关注课文中出现的几处批注,将新知与旧知相联结,小结出文中批注的四个角度。

这就是我们追求的第一声——畅读畅言声,学生始终处于学习的主体地位,他们自主阅读,自由吸纳与表达,互相补充,学习的热情在无形中高涨,学习的主动权在自然而然的教学过程中掌握在学生自己的手中。

2. 下笔沙沙声——动手实践,执笔为文

《义务教育语文课程标准》(2011年版)指出:"语文课程致力于培养学生的语言文字运用能力,提升学生的综合素养,为学好其他课程打下基础。"语文课堂还要突出实践性,沟通课堂内外,沟通听说读写,开展综合性学习,拓宽学生的学习时空。

《牛和鹅》这堂课不仅使学生掌握观察、思考、批注、阅读的四个方法,而且培养学生将吸纳的知识进行运用的能力。在自主小结过后,教师引导学生带着思考,尝试自己批注。让人惊喜的是，每个学生都在静思默想，遇有灵感处随机奋笔疾书。只要我们相信学生，我们愿意给每个学生实践的机会，它们也就会有许多出乎我们意料的精彩表达。比如，在感悟作者小时候被鹅追赶时的害怕心理，每个学生都能通过不同的角度来品味，有的抓住人物动作来感受作者的紧张心理，有的通过转瞬即逝的心理描写，抓住文章的写作技巧来感悟作者描写的细腻与真实，还有的在认真倾听后又有了新的思考，发现相同的感受可以用不同的语言来表达。整堂课，老师给学生充分写的时间，学生通过两次写批注，不仅会模仿给文章其他内容批注，而且还能将课堂与自己的生活联结，通过联想自己的相似遭遇来感悟作者的惊慌失措，与作者产生共鸣，拓宽自己的写作思路，丰富自己的生活体验。

这就是我们追求的第二声——下笔沙沙声，让智慧源于指端，让学生动手动脑，使智慧与心灵交融，实现成长与超越。

3. 花开拔节声——启迪心智，启蒙升华

"天籁课堂"强调以学生的发展为本位，教师不仅要把握每节课的教学内容，而且要拓展学习范围，让学生学会迁移运用，在学习语言的同时丰富自己的精神世界，获得思维的提升。

《牛和鹅》通过丰富多样的实践活动，在表演中让学生充分感悟人物心情变化，在反复批注中让学生主动学习语文，由不懂到懂，由学会到会学，从而习得批注阅读方法。同时，老师还看到学生丰富的课后学习资源，通过名人示范，给学生输入批注阅读很重要的意识，通过技巧的点拨，学生之间的互动补充，引导学生不仅仅要把批注留在课堂，更要在课外养成批注阅读的习惯，随时记下思考的痕迹，从而养成良好的阅读和习作的习惯。

这就是我们追求的第三声——花开拔节声，让学生随着语文学习自然成长，启迪心智，拔节思维，倾听位于最近发展区的思维成长的声音，充分挖掘学生自身学习的潜能，成为语文学习真正的舵手。课堂环节看似简单，其实内涵丰富，集中体现了学生的主体地位，提升了学生学习的自主性和积极性。

课堂是实现"天籁教育"的舞台，童声是世间最纯真、最清澈、最甜美的声音，让他们的欢笑洋溢在校园，让他们的歌声回荡在校园，让他们的书声传播在校园，每天徜徉在这美妙声音的海洋里，快乐成长。

（四）"天籁课堂"是生命成长的课堂

长期以来,在功利主义思想驱动之下,我们大部分老师的课堂教学还停留在考什么就教什么,过多地注重知识与技能的掌握,而忽略了思维与能力的培养;过多地注重教学的结果,而忽略了让学生体验的过程;过多地注重"有用"之教,而忽略了"无用"之教。尽管课程改革持续推进了十多年,但我们的课堂似乎"涛声依旧"。一批所谓考试专家,也专门研究考试命题的方向,这种做法本身并无对错,但容易陷入表象化和模式化,重蹈应试的覆辙。

教育是为了生命,课堂是一场生命旅程,学校应该是一块洋溢着生命光彩的、充满诗意的美好园地,也是老师和学生们共同的生命栖息之地。作为一名教师,每天都在面对几十双至纯至真的眼睛,面对一批又一批容易满足,又愿意和你分享快乐的孩子,时刻都能感受到生命成长的快乐。他们的天真纯洁无形中感染着每一位老师,常常会觉得老师会比其他职业者更单纯,更有满足感,更富有青春活力。这其实正是由于教师这个职业面对的人群特点决定的。滨小老师始终坚信"爱到深处,生命尽是天籁",用自己身上的光和热去温暖周围的孩子们,在真爱中滋养长大的"天籁少年",懂得爱,懂得感恩,懂得报效。

教学的本质就是激励、唤醒和鼓舞。学习不是毫无热情地把知识从一个头脑灌进另一个头脑,而是师生之间每时每刻都在进行心灵的交流,进行心灵的碰撞。如何将自己有爱的智慧去影响一个学生呢?"天籁教育"要求老师首先要有一个端正的态度,一个爱满天下的心怀,这样才能带给学生正确的态度,积极健康的心态。一个老师说一百句道理,不如不经意的一个细微的关爱举动带给学生心灵的震撼,这就如我们所说的"教育是一棵树摇动另一棵树,一朵云推动另一朵云"同一个道理。

教育是一个慢活、细活、精活,是生命潜移默化的过程。在"天籁课堂"上,教师成为文化摆渡人,师生成为生命共同体,课堂成为师生共同成长的生命场。所谓"润物细无声",是指教育的变化是极其缓慢、细微的,它需要生命的沉潜涵泳,需要精耕细作式的关注与规范。放慢脚步是摒弃了争功近利的自然之道,是摆脱了忙碌浮躁后的宁静之态,是拒绝了肤浅平庸后的深刻之美。"天籁教学",让课堂教学求真、求实、求和、求美,还教育之本真,求课堂之本色。

二、课堂,生命本然的样子

"天籁课堂"是灵动的、生成的、生本的课堂。"天籁课堂"设定饱满的教学目标,选择丰富的学习内容,设计立体的教学过程、采用灵动的教学方法,引导学生自主探究,提升学生的思维品质,通过各种互动让学习真正发生,从而达到提升学生学科素养的目的。师生从课堂中能得到愉悦、幸福和满足,得到自我的充分发展与自由。因此,自主、互动、生成是"天籁课堂"的三大主要特征。

(一) 设定饱满的教学目标

课堂目标是课堂中师生学习活动的风向标,是一切教与学活动的出发点和最终归宿。整个学习活动都要遵循课堂目标的活动轨道,饱满的目标蕴含多维,又融基础性、全面性、可操作性和发展性于一体,充分体现了"天籁课堂"的理念的立体性和时代性。

"天籁课堂"教学目标符合课程标准要求,我们还结合本校特点作了补充与完善,形成要求明确、清晰、可检测的学习目标,设立了知识与技能、过程与方法、能力与素养等三个目标。其中知识与技能目标主要解决书本中的基础知识的理解和掌握,针对基础知识和基本技能而设立;过程与方法目标,主要指关注学生获得知识的过程和在学习的过程中老师传授、学生之间互相习得的方法;能力与素养目标关注各学科自身能力的提升和与人的核心素养培养相关的目标。我们设计聚焦目标达成的明确的学习任务,应用恰当的技术手段,创设恰当的情境,调动学生的原有认知,唤醒思维,启迪思想。我们努力做到教师"引"的思路清晰,学生"学"的目标明确,使学生的天性在已有知识、经验上得到充分释放。

在此需要说明的是并不是每一节课都需要机械而形式化地将教学目标定位为三点,而是期待老师们在实施教学的过程中考虑到学习的手段和途径,考虑到"让每个孩子倾听生命的天籁"的课程理念,能够从提升学生能力的角度,从培养学生核心素养的高度去挖掘设计教学,让学生在课堂中更多地慢慢看风景,而不是成为考试的机器。需要老师从目标定位上就给学生以空间,还学生以自由,还课堂以生机,充分鼓励学生成为有独立见解的人,能坚持自我的同时也能吸纳别人的意见和建议。

（二）精选丰富的学习内容

教材只是信息资源与媒介，在学习活动中要让这有限的资源投入学生头脑资源的广阔天空中去。基于这样的目的，我们尝试运用现代课程理念重新审视、分析、研究、思考现行的教材合理性，进一步贯彻新课标的相关精神，对教材进行局部调整、优化组合、扩充资源：低年级倡导"玩中学"，使学生在愉悦中学习；中年级倡导"做中学"，使学生在体验中感悟学科知识的魅力；高年级倡导"悟中学"，使学生在思维的深度与广度上得到长足的发展。例如，数学学科通过"妙趣计算""美奂图形""玄妙数据""酷炫实践""寻味文化"等活动，以学生为主，寻找身边的数学，把握生活的数学，增强学生数学意识，使数学与生活、学校与社会互补共进。

"天籁课堂"在学习内容的选择上，首先充分尊重教材，其次关注生本资源的利用，再次积极拓宽学材。下面结合具体实例加以说明。

1. "天籁课堂"充分挖掘教材

教材是由经验丰富的专家、一线教学精英们深入调研、反复推敲、精心编写而成的，逻辑关系缜密，符合学生年龄特征，注重知识间的联系和螺旋上升，是广大教师和学生重要的教学工具和学习参考。因此教师不要盲目抛开教材另辟蹊径，而应首先用好教材，用活教材，用透教材。

在教授三年级数学《面积的认识》时，教材中的情境图是学生的教室。教室是学生每天生活中都在接触着的资源。教材选择学生耳熟能详的资源感受国旗、电视机屏幕、黑板、门窗、桌面、书本封面的大小，非常自然（见图5-1）。面积的本质有两点：一点是认识"面"（平面的概念），另一点是认识"面的大小"叫面积。在实践操作中，一些老师出现了偏颇，例如，有的授课老师舍近求远并没有用书本中的例子，而是自

图5-1　教室情景图

己再去找别的内容。有的老师查阅各种资料找到了尼罗河水患需要重新丈量土地的故事，有的老师选择让学生开展涂色比赛，等等，这些做法无异于画蛇添足。对于面积是什么，孩子们有着太多的生活经验，没有必要再去花太多的力气投入其中，应在课堂中下功夫的是面积的大小感受、比较，以建立正确的面积概念。

天籁课堂不追求形式上的花哨,更多的是贴着学生走的、贴着教材走的、贴着知识的本质走的。天籁课堂首先把教材用好,用透。在此基础上才能谈进一步的创新。例如,《神奇的百数表》(见图 5-2)一课,就是通过一年级教材中的一个百数表图展开的深度学习。我校刘玲老师在安徽合肥"全国深度课堂活动"中展示此课时,获得了与会专家、老师们的一致认可,这正是我校天籁课堂扎根教材、追寻本质、以生为本的理念下开出的小花一朵。

其中的一个教学片断是这样的:

1	2	3	4	5	6	7	8	9	10
11	12	13	14	15	16	17	18	19	20
21	22	23	24	25	26	27	28	29	30
31	32	33	34	35	36	37	38	39	40
41	42	43	44	45	46	47	48	49	50
51	52	53	54	55	56	57	58	59	60
61	62	63	64	65	66	67	68	60	70
71	72	73	74	75	76	77	78	61	80
81	82	83	84	85	86	87	88	62	90
91	92	93	94	95	96	97	98	63	100

图 5-2 神奇百数表

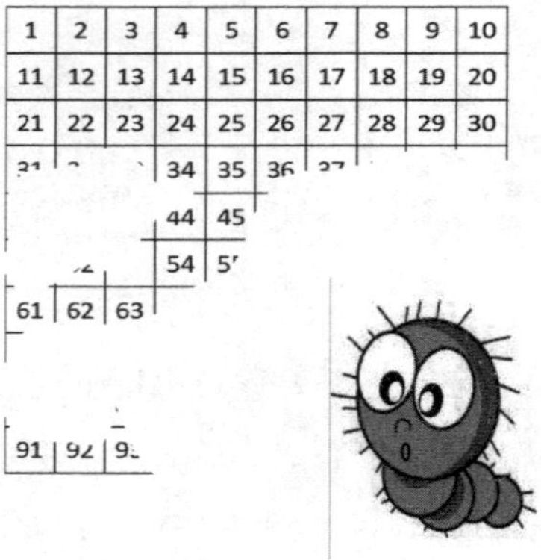

图 5-3 不完整的百数表

这 100 个数排得多整齐呀,哎呀,现在它还是百数表吗(见图 5-3)?

引导学生思考:被毛毛虫吃了一部分的百数表你还能想象到其他的数吗?

孩子们说:"有一部分还是完整的(到屏幕上指)有些被吃了就不完整了。"还有的说:"还是百数表,能想象其他的数。"

这时候老师引导学生进一步想象:刚才小朋友们说有一部分是完整的,我们把完整的部分取出来,你能想象后面还有好多数吧(见图5-4)?

1	2	3	4	5	6	7	8	9	10
11	12	13	14	15	16	17	18	19	20
21	22	23	24	25	26	27	28	29	30

图5-4　百数表局部

引导学生横着、竖着、斜着去观察并思考为什么会这样呢? 这样,学生的思维被打开,从书本中给出的完整的数据到被小虫吃了的不完整的数据,再由部分想象整体,由破到立,在找规律的过程中一步一步培养学生的数感,加深对百数表的认知。

创新不可标新立异,不能舍本逐末,"天籁课堂"要求教师在用好教材、用活教材、用透教材的基础上,教学具有更明确的方向,不折腾;更理性的把握,不浮躁;更高效的理解,不盲从。让老师们将有限的精力更多地投入到倾听学生的发言、倾听思维拔节中,使"三声课堂"的理念能够实实在在地扎根课堂,深耕课堂。

2. "天籁课堂"善用生本资源

苏霍姆林斯基在《培养真正的人》有这么一段话,深深地触动了我:"人的内心里有一种根深蒂固的需要——总想感到自己是发现者、研究者、探寻者。在儿童的精神世界中,这种需求特别强烈。"[①]但如果不向这种需求提供养料,即不积极接触事实和现象,缺乏认识的乐趣,这种需求就会逐渐消失,求知兴趣也与之一道熄灭。教师作为学生学习过程中的重要指导者、合作者,应该充分关注学生的生本资源,更多地去了解学生关心的话题,理解学生独特的想法,并为学生提供充分的空间,变学生资源为课堂资源,顺应而教,顺势而导,为课堂注入一泓活水。

生本资源可以是学生作文中的不同写法,作业中的多种方法,甚至是错题资源都能为课堂所用,还可以是课上某位学生的发言、产生的问题,等等,需要教师敏锐观察、及时捕捉"战机",小题大作,甚至"无中生有"。利用学生丰富多样的资源可以丰盈课堂教学,让"问题"掷地有声,让"错例"妙趣横生,让"多种方法"得以提升。

---

① [苏]B. A. 苏霍姆林斯基著,杜殿坤编译. 给教师的建议[M]. 北京:教育科学出版社,1984.

3."天籁课堂"积极拓宽学材

随着科技的发展,科学正迅速改变着我们的生活,作为新时代的教师,仅利用过去的知识架构已经很难满足现在的孩子,更何谈培养面向未来的接班人呢?"好声音"课程是在省颁课程的基础上结合地域特点开发的课程,我校的课程建设正经历着由1.0校本课程向3.0本校课程的跨越过程。在这个过程中,各课程群百花齐放,正势如破竹地对已有课堂进行跳跃式改革。

如我校陈辉老师在与全国特级教师吴正宪同台教学《条形统计图》一课时,选择了学生非常关心的"选手机"的情境展开教学,又以二战中发生的一个真实的故事作为结尾,升华学生对条形统计图读图能力和理解能力的认识。设置问题"为增加作战飞机的安全性,该为飞机的哪个部位加固?",让孩子根据条形统计图展示的信息(机尾中弹数65,机身中弹数60,机翼中弹数75,机头中弹数2)大胆说出自己的想法,在大部分孩子认为应该给中弹数量最多的机翼加固之时,有一个孩子发出"应该给机头加固"这个不一样的声音,在场的听课者和学生们一起"脑洞大开"了:之所以统计到返航飞机的机头中弹数量最少,是因为机头中弹返航率最低,因此应该加固机头。课结束了,孩子的心中却被一道道"!"和"……"充满。整节课学生积极性非常高,学习热情高涨。在选手机的小事件里潜移默化学习了新知识,掌握了新方法,获得了新技能。本课的教学设计得到吴正宪老师的高度评价。

课堂内容的选择上同时注重以下几个滞后与优先:即学生关心的事优先,老师关心的事滞后;新发生的事优先,老生常谈的事滞后;可持续推进的事优先,一闪而过的事滞后;与学生年龄相符的事优先,超出学生认知范围的滞后;本土特有的事优先,共性的无特色的事滞后……

正是有着这样的内容选择原则,我校的"天籁课堂"内容更丰富、更跨界,方法更生本、更多元,课堂变得富有人情味和生活气息。孩子们可以在四人小组分小蛋糕的过程中真实地感受分数的意义,当孩子们咀嚼着四分之一蛋糕的时候,他们说"四分之一在我的嘴里刚刚好,但吃了还想吃。"而当一口吃下二分之一的时候,有的说"二分之一把我的嘴里都装得满满的了,很难咽下去。"这样四分之一和二分之一谁大谁小有了丰富的感受,真实的体验对二分之一和四分之一的认识更加深刻。

(三)"天籁课堂"呈现自主、互动、生成的学习方式

"天籁课堂"要求孩子们能在自己独立思考的基础上,敢于大胆表达,自主质疑,多

角度、辩证性地分析问题,形成批判性思维以及严谨的求知态度。这就需要师者创造让学生心理自由与安全的环境,营造积极互信的人际氛围,让师生之间、生生之间的平等对话成为课堂的主旋律,提升学生的主体参与感。

雅斯贝尔斯曾说过:"什么地方计划和知识独断专行,对精神价值大加挞伐,那么这些计划和知识就会变成自身目的,教育就将变为训练机器人,而人也变成单功能的计算之人,在仅仅维持生命力的状况中可能会萎缩而无法看到超越之境。"①既然生命是不可以完全计划的,那么,教学的组织形式,课堂流程一定是动态多样,去模式化的,应该具备以下特征。

(1)鼓励学生有想法就说,不怕说错,不懂就问,敢说敢问。

(2)老师适时地退,转变学生被动接受的局面,改变师生互动占据全部课堂的现象,让生生互动成为课堂的常态。

(3)鼓励学生对话交流,充分发表想法,可补充、可建议、可质疑、可小结,于"你来我往"中体现学生作为学习主体的价值和作用,学习的主动性得到最大限度的发挥。

(4)培养学生有质疑思考的能力,能提出自己独到的观点,能从不同角度思考问题,有批判思维,能进行有理有节、有依有据的思辨,让思考走向深度。

例如:教授数学课《探索图形》

课始,教师出示一个表面涂色,里面没有涂色的3×3×3正方体实物模型,开门见山:"今天我们就来研究正方体的涂色问题。"突然,意外的一幕发生了:表面涂色的正方体被老师"不小心"打翻,"惊心动魄"地散落在地面上。

在"啊"声不断的教室里,老师"慌乱"地说:"怎么办? 你们能还原吗?"学生们跃跃欲试:"能!"于是,学生们马上行动,四人为一小组分工合作,限时两分钟还原正方体。两分钟结束时,他们都没有完成还原任务,很不甘心:"再给我们一点时间,肯定能还原。"

老师问:"有难度吗? 为什么?"学生说:"涂色情况不一样,有的没涂色,有的只涂一块,有的涂两块,有的涂三块,不确定它们该在的位置。"

老师说:"看来,我们没有掌握清楚里面的情况,只给两分钟时间确实有点难。那接下来该怎么办?"学生说:"我们得先研究清楚涂色问题,之后再来还原正方体。"接下来,他们再次以小组合作的方式,展开涂色问题的研究……

---

① [德]雅斯贝尔斯著,邹进译.什么是教育[M].北京:生活·读书·新知三联书店,1991.

课始终有条不紊地展开着，行进着。整个过程，每个孩子都带着"使命感"，他们在关注，在实践，在体验，在创造……课的最后，有好几个小组在两分钟内成功还原了正方体，他们展露出的钻研精神，让所有在场的人都为之动容。

只有让学生成为课堂教学的主体，才能发挥出他们无限的潜力与创造性。以问题滋养课堂，一句"该怎么办呢？"引君入瓮，剥茧抽丝，教会学生正确思维，调动学生思维，自主学习，互动生成，成功奏响"天籁课堂"的思维拔节乐章。

 教学案例

自主互动，探寻道法课堂天籁之境
——《道德与法治》课堂有效教学策略

青少年时期是人生的拔节育穗期，儿童期是道德发展的启蒙期。小学阶段的《道德与法治》教育是社会主义精神文明建设的基础工程，对促进学生健康发展，落实立德树人的育人目标具有重要作用，因此，聚焦学生的学习，关注学生的成长，采用灵活多样的教学方式，让德育与法治教育在课堂中更好地落地，这是《道德与法治》课堂教学的重要目标。只有让学生处于课堂的中央，聚焦学习，通过丰富的教学手段，营造愉悦、灵动的教学氛围，才能让学生在课堂中自由、舒适地成长。

一、自主学习主导课堂节奏

《道德与法治》课程标准强调要从儿童的角度出发，立足于儿童发展，让儿童用自己的眼睛观察社会，用自己的心灵感受社会，用自己的方式探究社会。"天籁课堂"聚焦学习，探求真知，强调蹲下来倾听儿童的声音，让探究的愉悦伴随学习全程。我们努力创设"灵动、生成"的课堂氛围，构建"以学生为本，促进学生自主学习"的课堂情境，激发课堂活力，创造无限可能。

1. 自主预习，遵循天性

"天籁教育"遵循天性，守护天真，维护天成，追溯本源，让每一个孩子倾听生命的天籁之声，追寻教育的天籁境界。预习是自主学习的一种方式，是提高课堂效率的一个重要手段。因此教师遵循孩子的天性，立足儿童立场，选择一些适合儿童认知特点，易于探究操作的问题，设计成预习单，让学生自主选择，利用课余时间提前预习。比如,在教授《爸爸妈妈多爱我》这一课时,可以提前一周让学生回家观察爸爸妈妈为自己做过的事情,或者回家试着跟父母互换角色,感受父母为自己所做的一切,进而结合教材初步感知父母爱的方式。这样能够促进他们在课堂中更好地感受父母的爱原来有很多种,同时也能提高他们的课堂参与度,在课堂中有得说,敢于说,乐于说,更好地理解教材内容。

2. 自主探究,追寻灵性

灵性是"天籁教育"的一个特质,即陶冶性灵,启迪智慧。"天籁课堂"要求孩子们在自己独立思考的基础上,敢于大胆表达,自主质疑,多角度、辩证地分析问题,形成批判性思维以及严谨的求知态度。在这一目标驱动下,我们通过合作探究方式,培养学生自主学习能力。在《道德与法治》课堂中,教师紧扣教学目标及学生实际情况,以生活事件作为教学素材,鼓励学生带着问题进行自主发现,自主探究,自主讨论。比如,在执教三年级《生活离不开规则》这一课时,教师通过几个问题:生活中你发现了哪些规则? 这些规则有什么用? 如果生活中没有了这些规则会怎么样? 你还想制定哪些规则? 引导学生带着问题进行课前预习,课中讨论交流,紧接着以情景模拟、新闻播报、小组辩论等趣味方式让学生在合作中学会思考,学会分析、表达,进而达到教育学生自觉遵守规则的育人目标。

3. 自主体验,尊重秉性

因有爱,才天籁,大爱深深,情之潺潺,是"天籁教育"的主要特质。品德的形成是知情意行的统一过程。情,即道德情感,是人们对社会思想道德和行为的爱憎、好恶等情绪态度,对品德认识和品德行为起着激励和调节作用。因此,《道德与法治》课堂教学要注重学生的体验、激发学生的情感,形成良好的道德品质。自主体验是手段,激起纯情是目的,只有内化于心,才能外化于行,这样《道德与法治》的教学才能真正体现其意义。因此,自主体验是"天籁教育"视角下道法课堂最主要的呈现方式。例如,在二年级上册《我们在公共场所》这一课中,教师在执教《我们不乱扔》这一课时,十分重视学生的体验。课一开始,教师在班级里进行了一场独特的布置:散落的垃圾,东倒西歪的扫帚,当学生课间操结束后回到教室,在直观体验中感受学习环境充满了垃圾的不适感,接着教师通过"乱扔垃圾"小镜头创设情境,引导学生回看生活中垃圾乱扔的现象,学生们在这样的情境体验中发现了生活中随意乱扔垃圾的行为,也从这些人身上找到自己的影子,有的孩子甚至还能够在课上大胆地自我反思,这样的体验就为我们的课堂奠定了情感基调。接着教师又引导学生开展"相互学习妙招"的活动,在模仿迁移中让学生体验到约束自己的行为,保护环境其实就是举手之劳,最后通过"我们是环保小能手"的课后作业,让学生在生活中学会自觉保护环境,并能持之以恒,进而养成良好的生活习惯。

自主体验,能够有效激发学生的情感体验,有助于帮助学生快速而又准确地理解教学内容,促进学生的心理全面、健康、和谐发展。

二、多元互动增添课堂活力

1. 模拟生活化场景,实现生本互动

教材是儿童成长的"同路人",教师在执教过程中应当实事求是,结合地方特色、校本特色,以学生的生活为线索架构教材,拉近教材与生活的距离,实现生本互动。

部编版《道德与法治》教材相较人教版教材有了巨大的变化,尤其是六年级上册,整册都是强调法治教育的内容。一个合格的公民,既要讲道德,更要守法规。然而对小学生枯燥地讲法规显得干涩,有距离感。这时,教师需要通过多元的方式转变教材内容,让学生通过教材识法,在生活中用法。比如,在六年级上册《知法守法　依法维权》这一课中,引导学生知晓法律,学好法律,用好法律是这一课的重难点。教师通过生活中息息相关的一些例子,通过模拟法庭的形式,引导学生扮演不同的角色,在"开庭"过程中,分析自己的哪些权益受到法律保护,可以根据哪些法律来维权。学生从不同的角色思考、探究,利用教材中相关的法律来维护自己的正当权益,在生本互动中感受到法律伴随他们成长,最终达到提高自身法律意识之目的。

2. 设计生活化项目,形成生生互动

"天籁课堂"强调老师适时地退,转变学生被动接受的局面,改变师与生互动占据全部课堂的现象,让生生互动成为课堂的常态。只有真正调动学生的积极性,营造生动活泼的互动氛围,激发学生乐学、善学、巧学、好学的积极心态,才能让道法课堂活跃起来,增强课堂的活力。《道德与法治》教材中巧妙设计了一些环节,鼓励学生之间形成互动,积极讨论。教师敏锐把握教材编写意图,以退为进,让学生在说与辩的过程中相互促进,共同成长。例如,在五年级上册《协商决定班级事务》一课中,编者把握住五年级学生希望在社会生活中受到公正对待,同时还不善于倾听的这一心理特点,设计了一些活动内容。教师让学生之间形成小组合作,互相倾听、思辨、提升。比如,在决定班级事务时,教师以本班真实的一个活动决策为情境,组织学生讨论,引导他们从不同的角度观察,积极参与事务的决策及执行,学会说服同学,并且倾听他人的意见,进而完善相关班级事务的管理。

3. 依托生活化经验,促进师生互动

和谐的师生互动,能够促进课堂教学的有效展开。教学要从学生的生活出发,向学生的生活回归,在教学设计中依托生活化的经验,通过相似案例的启发反思生活,课后通过一些延伸性的活动,引导学生超越生活。每一个学生只有学会与生活良性互动,才能真正地在生活中践行美德,学会知法守法,做一个合格的公民。例如,在教学《上课了》这节课时,可以通过上课铃声导入新课,并且将教材中一副场景图制作成"东东的课前准备"视频。引导学生观看视频,让同学说说,"上课了,东东是怎么做的?"接着问:"你遇到过这样的情况吗? 当时的感受怎么样呢?"从而调动学生已有的生活体验,教学自然展开,育人水到渠成,润物无声。在教授《课堂作业认真做》这一环节时,可利用学生喜欢听故事的心理,播放故事《画鸡蛋》,问学生"达芬奇学习画蛋时,为什么显得不耐烦?"学生纷纷说出"因为老师天天让他画鸡蛋",接着顺学而导,让学生联系自己的生活实际"学习中,你有过类似的感受吗?"让学生关注自己学习中遇到的困惑,讨论解决问题的办法,将教学目标落到实处。所以,在小学《道德与法治》课堂上,依托学生已有的生活经验恰到好处地创设生活情境,促进师生有效互动,让学生在不同的情境中互相交流、互相影响,可以充分调动学生原有的生活经验,展开丰富的想象,去亲历、去感受、去体验,进而形成接受教育的积极态度,建立良好的师生关系。

在《道德与法治》课堂,我们追寻教育本然,解放学生潜能,点燃求知之火,使课堂充满生机,使学生获得真正意义的成长。我们关注学生,以学生的生活与成长为出发点与归宿点,让学生在自主中学习,在互动中发展,在丰富多样的课堂活动中获得精神生命的成长,唯有如此,我们的《道德与法治》教学才能一路花开,充满芬芳。

(四)"天籁课堂"体现丰富多元的教学内容

丰富多元是"天籁课堂"教学内容的重要特征。意味着课堂教育的视野不拘泥于知识技能的传授,而是带着鲜活的气息和主题走进课堂,让不同层次的学生都能在丰富的课堂学习中有所收获和提高。在具体操作上,"天籁课堂"的教学内容不仅关注学生好奇心、探索力、思考力、判断力与行动力的培养,同时注重培养基本技能,重视人际包容、团队合作、社会互动,以展现科技应用与生活美学的涵养。学生有更多的机会面对深度思考和创新实践的挑战。

当突发事件出现的时候，老师的处理就能体现出对学生对教育的情怀。比如，大自然瞬息万变，突然狂风大作，乌云密布，雷电交加，大雨滂沱。这个时候老师改变原本的教学内容，语文老师让学生去观察周围环境的变化，观察人们表情的变化，结合《雷雨》一文有效整合课内外学习资源，引导学生体验与表达，把那几分钟的片段说出来、写出来。课后找出大自然的短片给学生看、听、读。英语老师教学生风、雨、雷的单词，找出英文版大自然雨的部分，让学生们在英语"趣配音"里配音。这样一次难忘的记忆变成了孩子们写作的素材，探索的起点，拓展的源泉。

1. "天籁课堂"注重多元感知

只有组织学生走出课堂，走向大自然，走向工厂社区，让学生去更多地体验生活，感受生活，激发好奇心与探索欲，听真实的声音声声入耳，才能表达自己真实的感受，实现畅快品读、畅快表达。

在一节习作课上，老师让学生写"家乡的一种植物，或者一片树林、一块草地、一丛野花……"老师带领学生走出教室，来到学校的绿地。这片绿地草坪不仅是给学生欣赏的，而且是让学生零距离触摸、亲近、感受的。"假如你是一片绿叶，你闻一闻、摸一摸、想一想"。学生可爱极了，一边说"我是一片绿叶"，一边闻、摸、感受着……

生：我是一片绿叶，陶醉于亲爱的泥土，想象云朵回家的路，和春风一起洗脸。

生：我是一片绿叶，正探出头来，和春风握握手，然后一起聊聊春天的故事。

生：我是一片绿叶，生长在家乡的山水之间，我自豪，幸运地和青草、鲜花一起跳舞。

师：假如你是一片绿叶，一片家乡的绿叶，让我们像一片绿叶的样子生长。

孩子们都站了起来，以树、草、花的姿态，闭上了眼站在了草坪上。孩子们有的优美地蹲着双手托着脸，就像一株盛开的鲜花；有的张开双臂站立着，像一棵茂盛的树；有的拎起衣角，模仿常青的松树……

每一个孩子都是诗人，每一个生命都值得期待，每一个声音都需要教者静心倾听。为人师，贵在有心。有心为孩子们建立更多元的平台，有心为孩子们创造更多体验的机会，有心倾听天籁，方能闻音心醉……

2. "天籁课堂"注重生活积累

不积小流无以成江河。正如叶圣陶先生所言：惟有从生活中多方面去体验，把生活中所得的感悟点点滴滴积累起来,积累越多,了解才越深刻。① "泉眼无声惜细流"是天籁,"大珠小珠落玉盘"也是天籁,"听风听雨过清明"同样是天籁。教师要做一位引水人,挖渠人,关注学生生活中的积累,丰盈学生的认知,丰富学生的内在体验,待羽翼丰满时自当翱翔长空。

(1)观察日常生活,品味记录语言。我们鼓励学生投入到社会生活中,做生活的有心人。日常生活中的谚语、对联、歇后语及精妙的广告语,精炼的标语和一些趣味无穷、幽默诙谐的群众语言,都是鲜活的素材。

(2)利用影视媒介,丰富个性语言。如中央电视台少儿节目中的"大风车"、动画片中《懒猫淘气三千问》,都是小学生喜闻乐见的栏目,要求学生在观赏的过程中记下趣味性语言,在课堂上交流。在推荐收看央视《新闻联播》、收听《朗读者》等节目时,要求学生在感触很深的地方记录下来。总之,留心生活,处处皆是风景,时时皆有学问。

3. "天籁课堂"善于"化废为宝"

课堂是允许学生出错的地方,出错是学生的权力。错题是教学中的必然现象。试错来源于学习活动本身,是学生学习情况及学习思维的真实再现,是一种宝贵的生成性教学资源。我们不仅不能回避和惧怕学生的错误,而是要正视学生的差错,引导学生"识错、思错、纠错",让学生从"误"到"悟",从而将"错误"变废为宝。老师在教学中善于抓住学生的错误,留给学生充分"讲理"的机会,并以此为素材,引导学生思考,挖掘错误背后的深层原因,细心呵护学生创新意识,使其茁壮成长,为课堂教学增添生命的活力。

4. "天籁课堂"懂得适当"留白"

"天籁课堂"创设立体的学习过程,试想,谁会喜欢一幅堆满山水、花草、动物的中国画呢? 课堂也应该"留白"。"别急""别挤",课堂"留白"更精彩!"天籁课堂"强调慢的艺术,教师要学会"留白",更好地倾听:别急着追问,让学生想一想;别急着喊停,让学生找一找;别急着下课,让学生议一议。

"天籁课堂"关注学生在课堂中真实的体验与感受,倾听孩子原创的声音。让学生拥有更多的话语权,让他们经历学习的完整过程。我校构建了围绕"1个核心"问题,展开课堂 3 个层次的教学,用课堂评价来保驾护航的"131＋X"课堂模式(见图 5－5)。师生之间利用多种多样的活动方式,将知识学习、经验建构和社会体验融为一体。课

---

① 叶圣陶,刘国正.叶圣陶教育文集[M].北京:人民教育出版社,2000.

前,教师精心备课,制定课堂教学预案,根据学生的最近发展区、教材编写意图,设计一个核心问题,或若干个问题链组成核心问题群,将问题贯穿课堂学习的始终。在此基础上,制定出实施"三声课堂"的三个层次:学生学什么,怎样学,为什么学。教师何时大胆地退,睿智地引,适时地融。改变教师角色,以生为本,加强独立思考后的生生互动,这是贯彻"天籁课堂"之根本。

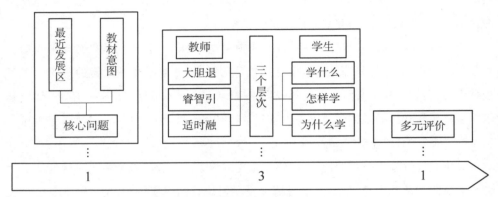

图5-5 "131+X"课堂模式

学生用语:

使学生言之有物,言之有理,言之有力。

图5-6 "三声课堂"用语手册(一)

老师用语：

使老师导之有法，引之有理，教之有道。

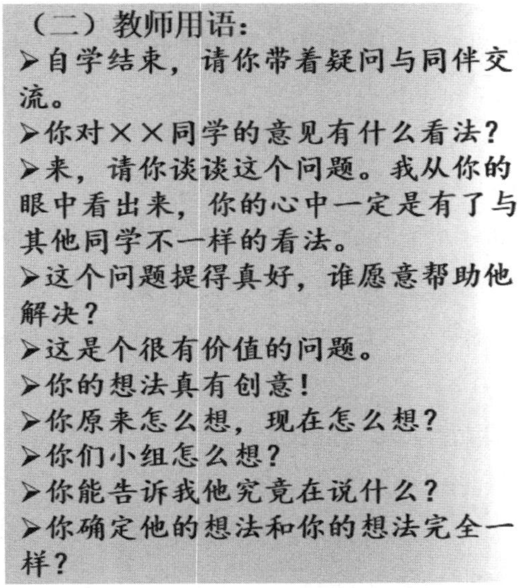

（二）教师用语：
➢自学结束，请你带着疑问与同伴交流。
➢你对××同学的意见有什么看法？
➢来，请你谈谈这个问题。我从你的眼中看出来，你的心中一定是有了与其他同学不一样的看法。
➢这个问题提得真好，谁愿意帮助他解决？
➢这是个很有价值的问题。
➢你的想法真有创意！
➢你原来怎么想，现在怎么想？
➢你们小组怎么想？
➢你能告诉我他究竟在说什么？
➢你确定他的想法和你的想法完全一样？

图5-7 "三声课堂"用语手册(二)

（五）"天籁课堂"呈现灵动的学习方式

1．"天籁课堂"因智慧而灵动

有人说，真正的课堂应该是一个思维的王国，无论它是"沸沸扬扬"还是"波澜不惊"。"天籁课堂"要求教师用语言的钥匙开启学生思维的大门，教师通过设置具有挑战性的问题，以实现课堂教学价值最大化，让学生因思考而发声，课堂因"声"而动，让智慧的阳光照进课堂，使我们的课堂如沐春风。

在教授《称象》一课中，大部分学生都形成了共识：曹冲很聪明！这时，一个学生出人意料地问："我觉得曹冲并不聪明，石头笨重不好搬动，难道没有比曹冲称象更好的方法吗？"抓住这个契机，教师组织学生小组讨论研究。这下，小学生不再拘泥于课文内容，提出各种各样的看法，有的说，我不用石头，用泥土，因为泥土就在岸边，取泥方便；有的说，我既不用石头，也不用泥土，因为河里有的是水，把水装入船中不就行了吗？有的说，用人代替石头，人听指挥，喊上就上，喊下就下，只要大家一个个走上船，等船沉到画线处为止，然后把每个人的体重加起来，这样称象多省力啊……一石激起千层浪，学生自主质疑，自行解疑，促成关联性的深度学习。在教师的引导下，学生认识到自己想到的这些方法，都与曹冲一个原理，那就是浮力原理。所以大家又达成共识：曹冲还是很聪明的。由此可见，质疑大有学问，在课堂教学中我们要用好教材，抓住时机，善于培养学生的质疑意识，让学生在质疑释疑的过程中既学到新知，又发散了思维。

2. "天籁课堂"因自由而灵动

有学者指出：没有也不可能有抽象的学生，教育教学的技巧在于使每个学生的力量和可能性发挥出来，使他享受到成功的快乐！"天籁课堂"营造师生平等的教学氛围，学生在课堂上能自由地表达、自然地欢笑，这样的课堂是有生机活力的，有生命的，有人情味的。

儿童喜欢一门课的理由很简单，往往因为这个老师声音很好听，这个老师很爱笑，这个老师很幽默。这些都能成为一个学生爱屋及乌的理由。课前的游戏能让学生欢笑，同学的精彩发言能让学生欢笑，入境的表演能让学生欢笑，品尝成功能让学生欢笑，获得奖励能让学生欢笑。

在英语课上"Let's act."教学中，可充分利用学生的表演欲，让学生入境演一演，也能起到事半功倍的效果。例如，在教《My family》这一单元时，就可以让学生找自己的好朋友扮演一个家庭，并将自己的家人介绍给老师、同学。学生在表演中不仅明白了家庭成员的名称、学会了介绍他人的交际用语，而且还培养了学生的交际能力。还有"Game time."课程。游戏是学生所感兴趣的，而兴趣是最好的老师，在游戏中渗透所教学的知识，学生不仅不会产生逆反心理，反而会愉快地学习，真正体现寓教于乐。

在三年级第二册中，学过"Touch your . . .""Show me your . . ."后，由老师或一个学生发指令，其余学生做动作，学生们个个不敢怠慢，生怕做错被淘汰；也可以使用"击鼓传卡片"，边传教学卡片，边让全体学生不停地操练所学句型，当教师喊"Stop"时，拿到卡片的同学站起来，根据所问句型进行作答……

"天籁课堂"是自由的课堂，学生是自然放松的，知识是自然流淌的。

"天籁课堂"是欢笑的课堂，学生敢说敢笑，大胆质疑，他融入笑声里，知识吸纳在脑海中。

"天籁课堂"是智慧的课堂，乐于倾听，善于思考，思维活跃，火花四溅。

3.“天籁课堂”因创新而灵动

“天籁课堂”在“天籁教育”的引领下，开创“好声音”课程模式，创设自己的“新六艺”课程结构，即语艺、探艺、思艺、健艺、美艺、嘉艺六大课程群。追寻自然、纯粹、质朴、纯情、倾听、灵性，力求让每个孩子感受生命的天籁。

“新六艺”中的嘉艺课程就是基于课内知识与课外社会实践活动相结合的课程模式。在嘉艺课程中，我们组织学生走进科技馆，在触手可及的科学实验中培养学生的科学情感。步入工厂、走进农庄，体验不同的职业，丰富学生对生活的多元认知。开展主题研学活动，感受本土文化的熏陶，如“黄檗文化之旅”“宗鹤文化之旅”“南少林文化之旅”，为福利院老人们献上自己的爱心，来到部队感受军旅生活……

我们不仅组织学生步入社会，而且还成立“家长学校”，让不同职业的家长们进入班级给孩子们讲述自己的故事，请“自卫反击战”的老兵进入课堂，为孩子们讲述他们的光辉岁月。

“天籁课堂”是饱满的、立体的、丰富的、多元的、灵动的，是师生共同的生命旅程。“天籁课堂”构建全新的课堂教学观，从而让课堂焕发出活力。

（六）“天籁课堂”渗透缤纷的评价标准

书声琅琅、笑声琅琅、歌声琅琅是我校“三声”文化的基础，以声音为媒介，焕发出课堂的无限可能，我们的教学评价不仅注重过程，而且更加注重多元发展，呈现缤纷。

缤纷而富有儿童味的评价往往是多向的。加德纳的“多元智能理论”认为：每个人都同时拥有多种智能，只是具体到每个人身上，表现有所不同罢了。[①] 正是这些不同使得每个学生的智能类型及学习风格具有独特性。

评价需要分层，只要学生完成了相应层次的任务就应当给予奖励，让他们体验到成就感，树立自信心。学校鼓励教师根据学生能力实施差异评价，在鼓励老师布置项目式、探究式作业的同时，也倡导层次性地实施，差异性地完成。

在学习了英语课《Animal School》后，教师设计自主探究任务，让学生以小组为单位改编故事，将“动物学校”迁移到自己心目中的学校，如“太空学校”“城堡学校”“魔法

---

① ［美］霍华德·加德纳，大维·亨利著，方钧君译. 多元智能的理论与实践：让每个儿童在自己强项的基础上发展［M］. 北京：北京师范大学出版社，2015.

学校"等,让他们进行演示。能力水平低的学生只要能用教材中的核心词汇简单介绍故事就可以了,能力水平高的学生可以制作相关的英语海报或图文并茂的绘本故事,深入挖掘生活的内涵。

任何有思想的课堂都是一个有意义、有价值的课堂,任何为孩子的思维发展提供营养沃土的课堂模式,都是成功的课堂模式。优化课堂教学策略,创造新的课堂活力是"天籁课堂"的使命。我们努力探索着崭新的课堂模式——以生为本的"天籁课堂",倡导让学生在畅读畅言声中交流学习,在下笔沙沙声中思考探索,在思维拔节声中成长升华。我们要求教师善于发现每一个教学过程背后动态的一面,善于寻找每一个教学过程潜在的生命力,让每一个恰如其分的教学过程适时绽放风采,成为一道靓丽又独特的校园风景。我们立足于优化教学过程设计,多思多变,着眼于提升孩子的思维能力,提升价值,让课堂奏响悦耳的思维拔节之声,成就我们的教育梦想。

自主、互动、生成是"天籁课堂"的具体呈现形式,通过开发课堂文化,我们追寻教育本然,在课堂教学中滋养生命、释放生命、激扬生命,高高飘扬生命的旗帜,让师生沐浴着人性的光辉幸福成长。

第 六 章

『天籁教育』的空间文化

花圃草地,蓬勃着春的绿意;诗情花语,流淌着爱的甜蜜;梦想开花,幸福在这里落地。遵循天性,守护天真,维护天成,让学校这一天籁之境成为会说话的风景。我们以活跃的空间布局诠释课程的深刻内涵,让校园空间成为课程的有机组成部分,最大限度地让每一个物理空间释放教育能量。我们努力突破教室和校园围墙的限制,让社区、大自然和各种场馆成为课程深度推进的生命空间。

"蓬生麻间,不扶自直;白沙在涅,与之俱黑。"荀子《劝学》中的这句话充分说明了环境对事物的影响。一所学校,应以沉积在建筑之上浓郁的文化气息打动人,让校园文化环境发挥"桃李不言,下自成蹊"的教育作用。校园场域内的一草一木,无不彰显着学校管理者对教育的深刻理解,影响着在该场域下的每一个个体,如同空气一般,无处不在、无时不在,使得每个走进校园里的学生和教师肃然起敬而又心向往之。"天籁教育"引领下的滨小校园努力打造一个布局合理、生机盎然、整洁优美、宁静有序、蓬勃向上、健康和谐的校园环境。

一、恢弘大气的广场文化

　　广场文化是指学校广场的建筑、雕塑以及相关的配套设施所体现的文化,其核心意义在于展示学校办学愿景、文化理念,让师生徜徉其中,得以陶冶情操、净化心灵。

(一) 巨石雕

　　走进校园,首先映入眼帘的是右手边矗立的一块巨大的黄蜡石,镌刻着遒劲有力的"滨江融智　三声播远"八个大字(见图6-1),这是我校的办学愿景,承载着全体师生的梦想和希望。龙江河畔,五马之麓,年轻的滨江小学在锦绣山水间孕育而生,承载着山的坚韧、水的智慧。学校以人为本,以"拥山之德,怀水之智,成就阳光、聪慧、博雅、多艺的滨江美少年"为育人目标,琅琅书声入课堂,爽朗笑声润心田,悦耳歌声满校园,"三声"文化为师生幸福人生奠基。

(二) 青石刻

　　校门左手边是一块青石板,镌刻的是作家、书法家、词赋家陈章汉先生为我校量身定做的《滨江赋》。整首赋如行云流水,大气磅礴,让人荡气回肠,击节赞叹。三福之地,道承东鲁,学启闽中,留恋处——无须问姓,读书声里是吾家,美丽的滨江小学是全

图6-1 办学愿景巨石雕塑

体师生的精神家园。

(三) 阳光颂

校门背面的白色的石灰墙上,雕刻着一枝梅花,傲然绽放,陈章汉富有哲理的一段话,在红色梅花的点缀下愈加隽永深刻。"把窗门打开,放空气进来;把城门打开,放清风进来;把国门打开,放世界进来;把心扉打开,放阳光进来"。教育要面向未来,把握机遇,迎接挑战,滨小人将以开放的视野,阳光的心态,多元的价值观,潜心育人,躬行实践,为把学校办成一所现代化的学校而努力!

(四) 圣人像

校园的一角,静静地矗立着我国伟大的思想家、教育家孔子,他右手执书卷,左手背于身后,面容温而厉、恭而安,这是庄严慈祥、和蔼可亲、谦和智慧的万世师表形象。他目光深邃,仿佛穿越时空,向我们传递着博大精深的思想与智慧。每天,当孩子们进出校园,瞻仰孔圣人雕像,沐浴着仁爱思想,也时刻铭记,承尊师学风,扬尊师精神,成就"阳光、聪慧、博雅、多艺"的滨江美少年!

二、轻灵逸致的厅馆文化

厅馆文化的意义在于以集中的方式展示学校的文化积淀,为师生文化活动提供适合场所,让师生在文化空间的"浸泡"中陶冶身心,启迪智慧。

(一) 耕读书屋

作为全省首家"耕读书屋"——耕读书院滨江小学读书基地,我们基于深耕文化、导读大千的理念,用心为爱书的孩子营造出一个综合阅读文化空间。书院内,大到整体的陈列,小到一个装饰、一张座椅、一幅书画、一盆植物……无声而又热烈地呈现着对阅读空间独有的设计和考究。明亮、宽敞的空间,以温馨、童趣的色调作为装潢特色,创造出充满艺术气质的氛围感受。对于空间的构建和利用,我们别出心裁,用心打造一个充满童真童趣的创意阅读空间。一踏进阅览室,教师书吧里飘逸着浓浓咖啡香,艺术吧弥漫着悠扬钢琴声,还有数字少年宫传来的叮嗒键盘声,还有空气中浓浓的书卷味,散发出迷人的气息。只要一进入阅读区,就不自觉地轻声细语、放慢脚步。在这些独属于孩子们的阅读空间里,阅读成为一种美的邂逅,一段人生旅途,他们可以回忆过去,也可以畅想未来。

图6-2　耕读书院滨江小学读书基地一角

(二) 图书馆

学校图书馆是省级示范图书馆,学校拥有藏书10万多册。学校图书馆依山傍水,环境清幽,漫步其中,仿佛置身于神奇的童话世界。学校充分利用了图书馆的便利条件,让师生自由阅读。陈列的书柜高低错落有致,适用于不同年龄层的小读者,方便取用,学校定期更换各类书籍,满足学生的不同阅读需求。根据图书馆"网图"软件,每月评出借阅"明星学生"和"明星班级",进行张榜公布和奖励。我们让阅读区向外延伸到整座校园,每一个楼层均设置阅览区,每一个转角都是阅读吧,每一个空间都可以静心阅读,书籍信手拈来,阅读无处不在,发挥着润泽师生精神世界的特殊功用。

(三)舒心吧

"阳光少年"是"天籁教育"的四大素养支柱之一。我们有以国家二级心理咨询师余香玉为导师、以青年教师为学员的心健工作室——"舒心吧",为全体学生的心理健康保驾护航。有需求的孩子在家长的陪护下,来到"舒心吧",与"知心姐姐"面对面交流,倾诉心声,排解心中的烦恼。学校为特殊学生建立心理健康档案,开设心理健康团拓课,开放心理咨询室,为全校师生提供人际交往、情绪调节的平台。

(四)书法室

"笔走乾坤恢弘气,墨染中华四季春",在这里,孩子们挥毫泼墨,一笔一画勾勒着中华千年文化;在这里,孩子们恣意挥洒,方寸之间书写着人生的梦想。

(五)舞蹈厅

"飘然转旋回雪轻,嫣然纵送游龙惊。"舞蹈厅里孩子们翩然起舞,时而轻步曼舞,似燕子伏巢;时而疾飞高翔,像鹊鸟夜惊;忽如间水袖甩将开来,衣袖舞动,若龙飞凤舞。既陶冶了情操,锻炼了形体,更培养了坚韧的品格。

(六)美工坊

扎染、版画、剪纸……滨江美少年以饱满的激情在点、线、面的节奏中,在七彩流光的韵律中,享受成长的幸福,描绘天马行空的美妙天地,这是我校"三声"校园文化结出的累累硕果。创意美术课程让学生徜徉艺术天地,个性得到健全发展,启迪智慧,陶冶性灵,挥斥方遒,追寻天籁。

三、质朴自然的楼层文化

校园是教书育人、传承文化的场所,校园的一砖一瓦都应该体现校园固有的文化气息,楼层文化主要通过围绕学校文化主题对各个楼层进行文化装饰,让师生流连其中,移步换景,均能熏陶感染,明心见性。

(一) 孔子游春图

走进主楼一层大厅,映入眼帘的是位于中间的巨幅砂岩浮雕《孔子游春图》:春天来了,泗水河畔桃红柳绿,孔子与弟子们采茶扑蝶,其乐融融。面对奔流不息的河水,孔子感慨人生:逝者如斯乎,不舍昼夜;感悟品德:水有情义、有志向、有德行,善施教化,水是真君子。他启发引导学生谈人生,说志向,师生融入大自然之中,在悠扬琴声中且歌且舞,流连忘返。这种和谐融洽的场景不正是我们苦苦追寻的天籁之境吗?我校承龙江滋养,虽不比泗水河畔,但全体教师也都以孔子为师表,力求师生和谐,平等融洽,尊师爱生,教学相长,不负"天籁教师"之美誉。

(二) 天趣英语角

一层大厅转角处,开辟出独具特色的"英语角",这是一个"闹区",在主题鲜明的大墙面上,有英语海报、彩蛋实物、贺卡、贴绒、绘本等物品,它们如同一幅幅广告,给人以直观的刺激和潜移默化的影响,给孩子展示一个英语与生活息息相关的场所。这是一个交流中西文化的平台,每期"英语角"都会有相应的主题,大家一起畅游在语言的海洋中,享受着英语所具有的独特魅力。"英语角"给热爱英语的同学们提供一个充满无限的可能。

(三) 尚武厅

泱泱中华,雄风浩荡,崇武尚义,源远流长,文武之道,气象万千。古有班超扬威西域,祖逖闻鸡起舞,岳飞精忠报国,戚继光威镇海疆……近代以来,国势颓弱,列强欺凌,国人被称为"东亚病夫",蒙受千百年未有之耻辱。然中华文化,生生不息,志士仁人,奋起抗争,霍元甲、李小龙等民族精英,爱国习武,弘扬国粹,维护民族尊严,振奋民族精神。今我辈欣逢盛世,国运隆升,文化昌达,传承中华武术,致力民族复兴,乃时代召唤,民众心声。诚望我全体同胞以振兴中华为己任,习武强身,积健为雄,厚德载物,自强不息,使中华武术这一国之瑰宝重放光芒,万古长青,中华民族千秋万代,永远屹立在世界民族之林。

图6-3 校综合楼一层"尚武厅"

(四)悠然台

"采菊东篱下,悠然见南山",在常春藤摇曳的风姿里,满园春色,向阳花开。在这里,孩子们凭栏远眺,静静聆听树与花的密语;在这里,孩子们捧一卷书,在文字的世界里细行;在这里,老师们约三五好友,闲敲棋子静看云卷云舒,这是一种返璞归真之美。

四、舒然惬意的廊道文化

廊道文化建设的核心意义在于体现学校文化沉淀所形成特有的校园风尚、校园使命、学校价值观、师生风貌、行为准则,学校走廊文化是学校物质文明和精神文明的总和。

（一）星光大道

我们把通往塑胶操场的绿荫道开辟出颇有特色的文化长廊——"星光大道"，用来展示在各方面表现突出的"滨江美少年"，树立身边的榜样，激励全体学生全面发展。几米见方的小小天地，适时宣传、展示校园内各项文化活动，悄然成为孩子们展示自我的璀璨舞台，成为校园里一道亮丽的风景线。

（二）素养大厅

走进一层大厅，映入眼帘的首先是四根立柱，镌刻着我校育人目标——阳光、聪慧、博雅、多艺，我们设计为树的形状，顶上为繁茂的绿叶，这是"滨江美少年"的四大素质支柱，也是育人目标的具体化：阳光美少年、聪慧美少年、博雅美少年、多艺美少年。学校已形成滨江美少年的评价体系，分为日省、周评、月总结，季评选，每年评选四次，"六·一"颁奖是校内评先的最高荣誉。

（三）笑脸墙

在一层大厅右转的通道上，"笑脸墙"嫣然走进我们的视野。六十张稚嫩的笑脸，如花儿般绽放，看着一张张洋溢着幸福的小脸，我们耳边恍若响起一片银铃……这些笑脸，有的自信阳刚，有的娇羞内敛，有的安静淡雅，有的灿烂夺目，各美其美，交相辉映。他们或是班级品行如玉的好学生，或是才华横溢的好少年，又或是普普通通的孩子。六十个健康舒展的笑容，六十份由内而外散发的自然之美，昭示着我们滨小大家庭里每一位学生都应该努力成为一缕阳光，绽放更美的笑脸，播撒更多的爱，快乐自己，感染他人。

（四）教师风采栏

连廊一层的大厅北面，我们把它开辟为教师风采栏。这是一个让我为之自豪的教师群体！他们是那么朝气蓬勃、锐意进取；他们是那么孜孜以求、好学不倦；他们是那样治学严谨、一丝不苟。他们在三尺讲台上，引领学生自主学习、合作探究，激发学生思维涟漪，打造灵动而自然的"三声课堂"。在千百个晨曦与晚霞余晖的更替中，他们呕心沥血育桃李，挥洒汗水和智慧，齐心协力打造"三声"文化，孜孜不倦探索"天籁教育"，用恒心与毅力书写"滨江故事"，诠释"滨江精神"。

(五)"三声"才艺橱窗

才艺橱窗见证孩子们成长的印迹,"天籁少年"优秀手工艺术作品在这里闪亮登场。隽秀飘逸、轻灵洒脱的书法作品,古朴典雅的青铜器,清新雅韵的扎染布,脑洞大开的科技小制作、鞋油版画、线描画……传统与传承交汇,光与影相融,刚柔相济。每一幅作品都寄托着孩子纯真的梦想,体现了"天籁少年"蓬勃向上的朝气与创意。

(六)"三声"走廊

围绕"三声"校园主题文化——琅琅书声入课堂、爽朗笑声润心田、悦耳歌声满校园,开辟以"三声"为主题的楼道文化。这是一个展示童真的平台,每一个作品都栩栩如生,古色古香,有憨态可掬的动物,有逼真的人物形象,还有精致的陶罐,等等。孩子们用天真之眼感悟生命成长,用画笔涂鸦想象浪漫童趣世界。这是一个文化传承的园地,孩子们笔走龙蛇,气息流转,其中理念、神韵、意境、自然天成。这一幅幅或精致、或拙稚的艺术作品,磨砺着孩子们的性情,陶冶情操,丰富想象和创造。将童真与幻想一点一滴地渗透到作品中,每一幅作品都摇曳着孩子们如阳光般绚丽、月光般洁静的童心,每一幅作品都蕴涵着孩子们热爱自然、热爱生命、憧憬未来、追求美好的情怀,让艺术魅力在儿童心田生根发芽。

"书声润"展示我校形式多样的读书教育活动,书声琅琅,书香满园!

"笑声扬"展示全体师生走出教室,走进操场,走到阳光下,在运动场上的爽朗自信的笑声。

"歌声飞"展示学校形式多样的艺术活动,快乐的音符奏出动听的乐章,欢快的舞姿跃动起童年的梦想。

我们力争以活跃的空间布局诠释课程的深刻内涵,让校园空间成为课程的有机组成部分,最大限度地让每一个物理空间释放教育能量。我们努力突破教室和校园围墙限制,让社区、大自然和各种场馆成为课程深度推进的生命空间。

花圃草地,蓬勃着春的绿意;诗情花语,流淌着爱的甜蜜;梦想开花,幸福在这里落地。遵循天性,守护天真,维护天成,让滨江小学这一天籁之境成为会说话的风景。"滨江融智 三声播远"吟唱千年龙江的美丽,奏响"天籁教育"的动人乐章,使校园成为莘莘学子成就学业、放飞理想的沃土。

第 七 章

『天籁教育』的专业姿态

　　爱是最美的语言,是教育艺术的魅力所在,学校应该成为追寻生命天籁的地方。因为爱,生命才会是天籁,情之深深,爱之濛濛,这是对学生的爱,对教育的爱,对脚下这片土地最深沉最热烈的情怀。因此,我们提出"爱到深处,生命尽是天籁"之理念。这就是我们的教育信仰和精神图腾,我们将以这样的精神状态去追寻天籁,追逐梦想,探索教育的诗和远方,追寻天籁般的教育生活。

专业姿态是指教师作为专业人员,在专业思想、专业知识、专业能力等方面不断发展和完善的过程中所呈现出来的个性化特征。"天籁教师"强调教师是潜力无穷、持续发展的个体,要求教师成为学习者、研究者和合作者,在专业化成长中充分发挥自主性和创造性。本章主要从教育信仰和专业指南、教师以及校长修炼四个维度阐述"天籁教师"的专业姿态。

一、因有爱,才天籁

"天籁教师"是有信仰的教师。教育需要信仰,因为真正的教育是对人的精神、灵魂的铸就,这就需要教育者怀有虔诚的心,全身心地投入,坚信目标一定会实现。"天籁教育"认为,爱是最美的语言,是教育艺术的魅力所在,学校应该成为追寻生命天籁的地方。因为爱,生命才会是天籁,情之深深,爱之濛濛,这是对学生的爱,对教育的爱,对脚下这片土地最深沉、最热烈的情怀。因此,我们提出的办学理念如下:爱到深处,生命尽是天籁。这就有了我们的教育信条:

　　我们坚信,
　　爱到深处生命尽是天籁;
　　我们坚信,
　　教育是滋养心灵的天籁之音;
　　我们坚信,
　　学校是感受生命天籁的地方;
　　我们坚信,
　　过天籁般的教育生活是最美的;
　　我们坚信,
　　总有一首歌可以唱响生命的天籁;
　　我们坚信,

倾听生命的天籁是教育最舒展的姿态；

我们坚信，

让每一个生命沉浸天籁是教育的神圣使命。

这就是我们的教育信仰，这就是我们的精神图腾！我们将以这样的精神状态去追寻天籁，追逐梦想，探索教育的诗和远方，为此，我们誓师出发：

我是滨小好老师，

我宣誓——

爱儿童，

倾听生命的天籁；

爱事业，

过天籁般的教育生活。

我竭力——

滨江融智，三声播远。

明确目标，牢记使命，昂首努力前行，还生命一份感动，相信总有一首歌可以唱响生命的"天籁"，期许滨小美好的未来，期许幸福完整的教育人生。

二、追寻天籁般的教育生活

专业发展是教师在充分认识教育意义的基础上，不断提升精神追求，增强职业道德，掌握教育规律，拓展学科知识，强化专业技能和提高教育教学水平，实现人生价值的过程。我们以"扬三声文化，做天籁教师"作为教师发展的愿景，通过目标导引和专业引领两个渠道推动教师的专业化成长。

（一）目标导引

以"天籁教师"作为专业发展愿景，以追寻纯粹、灵性、澄澈的教育本源为目标，以科学精神、科学态度和科学方法深化教育研究。通过多种形式、多个层面的研究活动，不断提升教育科研水平和创新能力，为推动教师的专业化成长搭建平台。我们成立教师专业发展领导小组，制定不同类型教师专业成长计划，实行目标管理。

1. 新手型

教龄十年以内,调入滨小未满三年的青年教师要做到:(1)每学期听课20节,其中听"师傅"课不少于4节,听跨年段、学科2节,观看名师录像、优质课2节,积极参与校内大组教学研讨。(2)每学期开课2节,每学年在学段区域内开课1节。(3)每个月看一本教育专著,并在学校组织的"读书沙龙"中发言。(4)完成"教师专业成长档案袋"记录。(5)每学期现场撰写一份教学案例。

2. 熟练型

年龄在28至40周岁的中青年教师要加强修炼,努力成为教育教学的骨干力量,每学年参加学校组织的一次专业素养比武,内容为:(1)5分钟的观点报告;(2)5分钟的现场评课;(3)30分钟的片段教学。

3. 专家型

年龄在40周岁以上的教师,注重总结经验,努力向学者型、专家型教师跨越:(1)指导年轻教师成长,个人在校级以上执教公开课,开展专题讲座,参加经验交流。(2)设计单元试卷、竞赛试卷等,并做好试卷情况分析。(3)在教学研究中发挥引领作用,评议时做好问题的引领、问题解决的策略分析。(4)将自己的教学感悟整理成文,并发布在本校"教师专业成长"线上电子系统,供大家分享。

(二) 专业引领

教师的专业成长是职业幸福的来源,有了专业提升,就能感受职业尊严,获得文化自信,享受幸福生活。我们通过以下几点来推动专业成长。

1. 以名师引领促发展——专业辐射、引领示范

(1)以名师工作室为领头雁,通过领衔名师专业引领和示范,聚焦课堂,关注前沿,传播先进理念。

(2)通过同伴互助、实践反思,为成员构建良好的成长环境,提供更大的发展空间,搭建广阔的平台,促进成员的专业化发展。

(3)通过开展名师"送教大篷车"、名师进课堂诊断把脉,以课题为抓手进行科研引领、承担各级各类教师业务培训任务等方式,多渠道、全方位促进学校教师队伍整体水平的不断提高,形成个人的教学风格和特色,打造一支"天籁教师"骨干团队。

2. 以课题研究促提升——精心规划、扎实推进

教育科研是"第一生产力",没有高质量的教育科研,就难以实现高水平的专业化成长。以 2020 年为例,我校共立项国家级课题 1 个,省级规划课题 5 个,市级规划课题 15 个,校级课题 22 个。每个课题组精心规划,扎实推进,课题研究成效显著,促进了教师的专业成长。学校通过加强对课题规划、课题实施过程和成果鉴定工作的管理,从数量到质量较之前都有了一个飞跃。

3. 以"工作坊"研训促提高——凝心聚力、携手并进

一所学校的兴旺发展,离不开一支师德高尚、教艺精湛的教师队伍。学校精心挑选 30 名骨干教师组建语数英教学"工作坊",采取定期集体研讨和个人自学相结合的研究模式,通过学习、培训、研究、交流等多种途径,打造了一支师德高、业务精、作风实的优秀教师队伍。"工作坊"成员以课题为抓手进行科研引领,与年轻教师进行"师徒结对",细化落实"传、帮、带"的具体措施,通过师徒备课、评课、随堂听课等方式来加强对青年教师的培养。"工作坊"几乎将学校中青年教师全部席卷进来,人人成为教科研链条中的一环。

4. 以展示平台促成长——敢于亮剑、助力跨越

为了给老师们创造广阔的展示、发展的舞台,培养更多的教学骨干,学校搭建多级教研平台。比如,在校内,每学期语数英分学段开展"立足校本研训,践行课程改革"研讨活动和"观课议课"活动;还举行了新教师推门课、亮相课、展示课、课题研讨课、轮岗和跟岗教师展示课等。教师在活动中认同了"三声"文化,逐步接受了"天籁教育"理念,明确了课程改革目标和任务,提升了课程开发能力。

5. 以"集备"促练功——提升实效、锻炼素养

学校在期初课程安排时就为各个学科的老师划出专门的集体备课时间,同时在集体备课的方式上进行了大胆的改革。制定学校的集体备课流程:双人合备→集体研讨→跟踪听评→二次听评。首先由备课组长依据教学计划将备课内容划分给组内两位教师共同负责,两主备教师根据教学内容收集资料、提出备课提纲(教案初稿)、将重点、难点、热点问题提出,交于备课组内研究讨论。再通过跟踪听评、二次听评的方式,消除以往备课方式中存在的"纸上谈兵"弊端,提升活动实效,锻炼教师课堂教学素养。

6. 以"走出去"拓视野——主动出击、海绵吸水

密切关注各地教研信息,安排教师走出校门,拓展视野。仅 2019 年下半年,学校

累计派出近百人次参与福清市级以上各类培训、观摩会、研讨会学习。与此同时,我们也主动输出办学理念、教研成果,向全国各地送培送教,足迹遍布上海、南京、广州、通渭、贵州等地,三年来累计送培送教100多场,把"三声"文化远播到大江南北。

"天籁教育"对全体教师来说是一种全新的理念,孕育浓厚的教育科研氛围,为学校教科研注入一股清新的空气。老师们的教研热情被点燃,纷纷投入到"好声音"课程的研发当中,有力地推动了教师专业化成长。

三、教师的五项修炼

教育是一场修行,这种修行,不仅包括技术和能力的修炼,还包括生活状态和内心世界的净化,即精神生命的成长。教师是中华优秀传统文化教育的责任主体,对中华优秀传统文化的价值认同和自觉践行直接影响着学生及家长,因此要充分认识到自身的价值和职责所在,加强修炼,成为中华文化自觉的传承者和弘扬者,为实现"文化育人"作出自己的贡献。"天籁教师"一共要进行五项修炼。

(一)修炼师德,让自己成为教育强手

邓小平同志曾经指出:"一个学校能不能为社会主义建设培养合格的人才,培养德智体全面发展、有社会主义觉悟的有文化的劳动者,关键在教师。"教师作为教育的实施者,其一言一行影响着学生的健康成长,教师的道德修养,对学生的世界观、人生观的形成有着不可或缺的作用。因此,教师应在学校文化建设中身体力行、彰显师德以推动文化发展。教师专业成长,当先从修炼教师的师德开始,注重教师道德修养的塑造和提升。

马克思说:"能给人以尊严的只有这样的职业,在从事这种职业时我们不是作为奴隶般的工具,而是在自己的领域内独立地进行创造。"我们通过对老师进行人文关怀,增强老师的归属感,举行"教师职业道德"演讲,开展"家长心中的好教师""学生心中好教师"等评选活动,从而使老师体会到职业尊严,将提高师德水平作为自觉的内在追求。

修炼师德,同样要求教师具有崇高的人格魅力,作为灵魂工程师的教师必须有厚实的文化底蕴,有高尚精神追求。教师人格魅力表现为:有渊博的科学文化知识,有

浓厚的文化底蕴,有良好的教育教学能力,有永不满足的追求和创新精神,有教育、教学的反思能力。为推动这项能力发展,学校为每一位教师订阅文质兼美的专业报纸杂志,坚持每一学期给每位教师送一本书,组织教师开展读书经验交流会,搭建读书心得成果展示平台。组织教师通过多读书、读好书的方式提高教师文化底蕴,修炼高尚师德,让每位教师在爱岗敬业的同时,成为教育上的强手。

(二) 修炼课程,让自己成为课程高手

韩愈说:"师者,所以传道、授业、解惑也。"把教师职责放到课程改革的大环境中来讲,"天籁教育"要求教师具有较强的课程意识和一定的课程研发能力。面对新课程改革的要求,教师必须摆正位置,定好角色,意识到自己的职责,积极参与课程建设。

我们引导教师激活内在的主体力量,以主人翁的姿态积极参与到课程建设中来。当内在的自我与课程改革出现矛盾时,要进行反思,尽可能利用客观、公正的标准进行内审、评判,以是否有利于学生成长、是否有利于实现育人目标来进行取舍。最大限度地调动自我参与,将自己潜在的知识背景、理想信念、情感体验等一切可能的因素与所要研发的课程建立起最适当、最和谐的联系,最大限度地增强课程的正向价值。

为了更好地推进"好声音"课程的实施,我们编撰了国学校本教材之《我爱小古文》,各班按照计划,有序引导学生诵读,构建小古文积累运用的平台,提高学生文化品位和审美情趣,提高学生的人文素养。《融龙伴我玩数学》《融龙伴我学数学》《融龙伴我悟数学》——融龙系列校本教材已编撰完成,初显成效。我们还开展古诗词课程的教学研究,举行了"走近李白""东坡印象"等教学研讨,给了老师全新的教学研究方向。语文组组建吟诵研究小组,聘请专业人士指导吟诵,在国学班开设吟诵课程。数学组尝试开发了滨小特色 STEAM 课程——"指尖智慧折数学",目前"工作坊"刘玲坊主所带领的团队正在实践探究之中并取得一定成效。项目式学习"古诗词中的数学问题"也正在筹划中,许多老师对于"好声音"课程有了新的思考和理解,教师们思在其中,研在其中,乐在其中。

(三) 修炼课堂,让自己成为教学能手

《庄子·逍遥游》中说:"夫水之积也不厚,则其负大舟也无力。"好的教师,当修炼自己的课堂,让课堂成为强大的磁场,使自己成为学生崇拜的偶像。如语文教师,必然

要具备较强的朗读能力,字正腔圆,优美动听;要有丰富的词汇,妙语如珠,下笔成文;要写得一手好字,笔走龙蛇,端正秀气。这样的课堂才能吸引学生,语文老师如此,数学、英语等各学科的教师亦如此。

为了修炼课堂,让更多教师成为教学能手,我校为教师提供了三个平台:一是学习交流平台——开展"读书论坛""青蓝工程"等活动。这是一个融自主学习反思与同伴互助于一体的平台,让广大教师共学互勉。教师的读书心得体会,教育教学的故事、论文、经验等都在这里交汇、碰撞、共享;二是专业引领平台——请进专家,开展系列"滨小讲坛"。为老师开展培训活动,近距离接触名家,领略智者魅力,成为校园文化建设、课题研究、教学课堂等各方面的专业引领;三是教学展示平台——挖掘校本资源,充分发挥现有学科带头人、骨干教师等骨干力量的引领作用,开展课堂研讨、专题讲座、教师座谈等校本培训活动,促其教学技艺日臻成熟,形成独特的教学风格。达到引领一批青年教师,锤炼一批骨干教师的目的。在这三个平台中,教师们磨砺了课堂教学能力,催生了教育创新活力。

(四) 修炼管理,让自己成为育德巧手

学校是培养人的场所,学生处于发展变化之中,可塑性强。学校对学生开展的所有活动,都带有目的性、计划性和组织性,教师的各项工作均需通过良好的管理才能得以实现。这就决定了教师的工作有很多的管理成分,可以说,管理能力是教师有效完成各项工作任务的重要条件。

我们引导教师转变教育观念,不仅注重教书对学生的重要性,而且还要增强把育人时刻融入教学环节中的意识,树立以人为本的教育观。同时引导教师充分汲取丰富的思政理论,紧跟时代的步伐,不断更新思政理念和方法。及时总结工作经验,把握思想政治教育的基本规律,提高管理水平和育德工作的效率。

我们定期组织班主任论坛,对教师的管理、育德能力进行培训,以推动学生的全面发展。班主任们结合自身工作实际,用生动的语言、经典的个案,真诚地为大家分享自己管理工作的经验与方法,实现了不同班级教育管理资源的共享与促进,推动全校班主任的专业发展能力,为年轻教师的成长搭建了一个互相交流、互相学习的平台,也为解决班级工作中存在的问题提供新思路、新方法,增强班级管理工作的针对性、主动性和实效性。

我们以"正面管教"理论为导向，加强德育工作研讨，宣传先进理念，传播成功经验，重视班主任育人理念的提升，增强班主任管理的行动力，切实提高班级管理的实效性。举办"正面管教"教育方法培训，形成专家引领、同伴互助的学习模式，丰富教师理论素养，创新班级管理方法。同时，积极鼓励教师间、校际间的经验交流，对育德工作中的难题、问题进行探讨，使教师有自我学习意识，自省不足之处，及时加强和改进班级管理。

（五）修炼研究，让自己成为科研推手

教师的科研能力是教师在教育实践活动中形成，并对教育效果有较大影响的能力。它包括科研课题的选择能力、课题方案的制订能力、课题实验的操作能力、课堂教学的研究能力及科研论文、研究报告的撰写能力等。提升教师的科研能力是时代发展的需要，是学校工作的需要，同时也是教师自身发展的需要。我校在提高教师科研能力方面做了以下的工作：

1. 激发科研热情

鼓励教师对教育事业、对科研的热情，引导教师善于发现教育教学中存在的问题，不断地积累、总结、再积累、再总结。学校为每一位教师分发了"积累本"，并规定每学期每位教师应当积累的篇目，并鼓励每一位教师有自己的研究方向。

2. 创造学习机会

为教师创造学习专业理论知识的机会，利用开学初、期中教研、期末集中学习等机会聘请省市级著名专家来校开设讲座，以此促进教师科研能力的成长。用理念知识指导教育科研实际，在做中学，在学中做，拓宽自己的知识面，不断改进教学思想，提高教学手段。

3. 鼓励团队合作

"一个人可以走得很快，一群人可以走得更远"，我们鼓励教师发挥团队协作的精神，设立各学科的工作坊，以老带新，以师携徒。组建校内的"专家型""骨干型"教师团队，共同研究课题。鼓励各学科之间的跨界学习，教师广泛涉猎各科知识，将这些知识融会贯通于自己的课堂中，在教学反思中总结自己的经验，在教学相长里促进教育科研能力的提升。

长久地坚持科研能力修炼，学校形成浓厚的教研氛围。不但使教师发现一个更新

的自己,而且能开拓更广阔的教学天地。对于学生、对于教师、对于学校甚至对于整个教育事业都有莫大好处,几年下来,"天籁教师"队伍已初具规模。

四、向着梦想奔跑

校长是学校文化的核心与灵魂。校长不仅要仰望星空,眺望民族的未来,而且还要脚踏实地,潜心教育实践,才能带领全体教师向着教育梦想踏歌前行,成就立功、立德、立言的教育人生。"天籁教育"理念之下的学校管理者也有五项基本修炼。

(一) 要修炼成为思想引领的校长

教育家苏霍姆林斯基有个著名的论断:"学校的领导,首先是教育思想的领导,其次才是行政的领导。"人民教育家陶行知也说过:"校长是一个学校的灵魂。要想评论一个学校,先要评论他的校长。"今天是一个改革创新的时代,是一个需要智慧也产生智慧的时代,对于学校发展来说,校长的办学思想尤其具有重要意义。可以说,一所学校可以没有高楼大厦,可以没有先进的设施设备,但不可以没有思想。因为思路决定着出路,唯有科学的、特色的、定位准确的办学思想才能支撑起一所学校真正意义上的"高楼大厦"。在校长这个岗位上摸爬滚打近二十年,我深知办学思想的重要性和艰巨性,因为我深深领悟到:学校管理者只有具备先进的、科学的办学思想,才能引领全体师生,引领办学实践,走向科学管理,把学校办好。那么,办学思想从何而来? 我认为主要有三条途径:

1. 办学思想从学习中来

办学思想是校长的手中利剑,剑锋所指,光芒四射。然而,要形成自己的办学思想绝非易事,"宝剑锋从磨砺出,梅花香自苦寒来"。校长要做到"三勤":一要勤学习。非学无以广才,博览群书,知识才能广博,视野才会宽阔,办学思想的形成才能做到更科学、更独特、更高远,历久而弥新。要学习国家的教育方针政策,遵循教育规律,贯彻素质教育思想,这是形成办学思想的基础。二要勤观察。校长不仅要"低头拉车",而且还要"抬头看路",要有一双"火眼金睛",见别人所未曾见,思接千载,视通万里,辨别方向,追寻光明。三要勤思考。要有一副"最强大脑",想他人所未曾想,感悟、觉知、升华、沉淀,知行合一,在长期的实践中提炼自己的办学思想。

2. 办学思想从借鉴中来

他山之石，可以攻玉。在办学过程中，校长要不断地运用教育理论对各类教育思想进行思考、总结，在办学实践中归纳、整理，在办学实践中反刍、提炼，办学思想就会逐步清晰完整，进而形成自己坚定的理念和信仰。

要认真学习并善于借鉴名校长的办学思想。名校长的办学思想都各有特色，都是多年修炼的结果，他们的成就绝非偶然，都有可圈可点之处。可结合本校特点，稍作调整、修改，应用"拿来主义"哲学，为我所用。我们只要把学校办好了，学生教好了，学校办出水平、办出特色，完全可以借鉴。但切忌照搬照抄，邯郸学步，要不唯书、不唯上、不唯师、不唯前。要敢于怀疑和批判，在借鉴和继承的基础上，生发出自己的新思考、新观点和新见解。要不怕风险和挑战，具有进取心和好奇心，具有独立的人格和创新性的思维方式。人云亦云、亦步亦趋、简单复制和拿来，是不会形成自己的思想的。

3. 办学思想从实践中来

思想是个性化的、独立的主张和观点，是需要进行创造的，也是经过实践检验的。无数成功的案例说明，大部分校长的办学思想都是经过一定的实践淬炼后形成的。校长要站在哲学的高度来思考教育，厘清办学理念的价值追求，为谁培养人？培养什么样的人？怎样培养人？进而建构独具特色的学校办学理念体系，引领学校发展。一位教育家型的校长必须扎根中华大地，在丰富的教育实践中孕育教育理念，提出教育主张，形成独树一帜的教育思想，让思想之光照耀一方，引领当地教育发展潮流。教育有道，教学有术，要以道驭术，最后才能达到术道相融的境界。

教育是行走的学问，近年来，我寻根溯源，探寻教育本质，读书行路，寻找教育真谛。期间，我有幸获得三次重要的学习机会，分别是：福州市名校长委托（省教育学院）培训班，为期两年（2014—2016）；福建省十三五名校长班，为期三年（2017—2020）；教育部第 99 期全国骨干校长高级研修班，为期一个月的集中研修（2019.4—2019.5）。持续不断的学习、行走为我推开一扇门，眺望远方的麦田，我仿佛看到了梦想和希望，那是教育的天籁之境，这更加坚定了我执着前行的意念。在行走中我不断地思考：我要把滨江小学打造成一所什么样的学校？我想培养什么样的滨江美少年？我拿什么奉献给孩子们？因此我们主张：文化立校，特色发展。于是有了书声琅琅、笑声琅琅、歌声琅琅之"三声"校园文化理念，并进一步提炼出"天籁教育"哲学思想。

（二）要修炼成为信仰坚定的校长

几千年来,世代中国人是有信仰的,如天地、鬼神、自然等,人们始终怀着敬畏之心仰望他们,如同仰望康德头上的星空。但是在物欲横流的今天,我们面临信仰缺失的尴尬境地,喧嚣浮躁的世界,星空已经破灭,人们的头上只剩下一片虚无。

该何去何从呢? 不必担忧,充满智慧的祖先早已为我们指点迷津。五百年前,明朝哲学家王阳明的心学思想横空出世,如同一道闪电划破夜空。王阳明说:天地万物,本我一体。意思是说:人不是孤立于世界的,而是跟天地万物具有某种联系。现代量子力学研究也证实了这一说法:我们的生命与天地万物拥有广泛而内在的联结,并且和所有的生命一样,拥有一个共同而神圣的来源……既然人立于天地间,都有自己的角色和使命,那么学校管理者的使命就是以炽热的情怀投身教育,实干兴邦,这就是我们的信仰!

随着"校长龄"的增长,我偶然会不由自主地计算着自己的职业生涯还有多少年? 陷入倒计时的心态。在一次校长班学习活动中偶遇"中国好校长"卓立,从教54年,校长龄超过半世纪,至今依然活跃在校长岗位上,精神矍铄,魅力十足,哪像一个古稀老人? "自信人生二百年,会当击水三千里",激情——会让人年轻的,能让人忘却衰老的。在校长专业化之路上,我只能算个毛头小伙,正可谓"雄关漫道真如铁,而今迈步从头越"。

实践证明,校长具有持久的激情,学校才能得到持久的发展。没有了激情,校长便会安于现状、因循守旧、不求上进、得过且过,而且这种精神状态会像瘟疫一般传染给师生,对学校发展非常不利,甚至是危险的。

（三）要修炼成为内涵丰富的校长

内涵是指一个人内在的涵养和素质,是个性、气质、精神等方面的情感总和,不是包装华丽,而是实实在在,是一个人的魅力所在。

做有内涵的校长,首先要充实自己。充实自己,就要从重修养、爱学习、善思考、勤工作做起。一是要重修养,胸中藏正气。要修政治素养,修人格涵养,修情趣教养。二是要爱阅读,腹中有才气。要牢固树立终身学习的理念,手不释卷、博览群书,做学者型、专家型校长。三是要善思考,脑中聚灵气。要着眼于愿思考、勤思考、爱思考,有时工作的成败只在于一个观念的转变。四是勤工作,手中用力气,要诚心服务用真劲,提高效率用巧劲,严谨细致用实劲。

做有内涵的校长,其次要勤勉务实。一是"走下去"。就是从群众中来,到群众中去,能够俯下身子,接地气。二是"走出去"。就是借他山之石,攻自己之玉,借力发展。三是"走进去"。一要走进书本,与书本对话,与大师交流;二要走进课堂,"常听课,会评课",做到"进得了课堂、讲得出名堂";三要走进教师和学生们的心里,树立良好形象,增强自身的人格魅力。

做有内涵的校长,还要注重塑造个人品牌。拥有个人品牌是有内涵校长的外在表现形式。对于校长来说,打造个人品牌的过程既是校长实现个人成长的过程,也是校长个人价值增值的过程。在这个过程中,校长个人的综合能力得到提升,形成了自己独特的管理办法和艺术,个人的人格魅力也得到了广泛的认同和赞誉,这一切都使得校长个人在学校管理的岗位上更具有竞争力。

(四) 要修炼成为传承文化的校长

习近平指出:"文化是精神的载体,精神是民族的灵魂。纵览世界史,一个民族的崛起或复兴,常常以民族文化的复兴和民族精神的崛起为先导。一个民族的衰落或覆灭,往往以民族文化的颓废和民族精神的萎靡为先兆。"

中华传统文化是我们的精神源流,他告诉我们从何而来?如果我们忘记了从哪里来,也可能忘记到哪里去,在多元文化的浪潮中迷失方向。近代以来,中国在向西方学习的同时,对传统文化特别是儒家文化进行了强烈批判,导致矫枉过正现象,"昨夜饮酒过度,沉醉不知归路"。打个比喻:我们在倒洗澡水的同时连盆里的孩子也一并倒掉了,甚至把孩子倒掉了,留下的是脏兮兮的洗澡水。

针对这种历史教训,著名学者楼宇烈大声呼吁:中国文化,不能再失魂落魄。到底应该怎样才能做到不丢失魂魄呢?冯友兰说"要接着说,而不是照着说",意思是说,对于中华传统文化的传承不能照搬照抄,机械重复,而是要取其精华,去其糟粕,推陈出新,与时俱进。其实,孔孟思想中一个重要的精髓就是"通权达变",赋予新的时代特征就叫"与时俱进",这叫古为今用,以弘扬社会主义核心价值观,推进我们的精神文明建设。

"为天地立心,为生民立命,为往圣继绝学,为万世开太平。"这是几千年来知识分子的人生最高期许。学校管理者应该以炽热的情怀、高雅的志趣、广博的学识、阳光的心态,努力推进中华优秀文化的传承与发展。要时时以"当我们教育孩子六年,必须为他们着想六十年,为脚下的这片土地着想六百年。"这句话勉励自己,悲悯天下,志存高远,让自己的志趣、爱好、学识自然成为学校文化一个重要组成部分。

(五) 要修炼成为治校有术的校长

管理能力是校长必备的基本能力。目前的学校管理基本上可以分为三类:第一类人治,第二类法治,第三类文治。"人治"即靠人去管理,大事小事校长一人说了算,眉毛胡子一把抓;"法治"即靠法规和制度去管理,学校虽然运转有序,但缺乏人文关怀;"文治"即在"法治"的基础上,实行文化管理,师生遵规守纪成为自觉,其中还充满着人性关怀,这是管理的最高境界。校长应摒弃"人治",精通"法治",追求"文治"。

首先,要顺应规律。人法地,地法天,天法道,道法自然。教育有三层境界:谋业、谋事、谋道,校长要自觉谋道,把教育当农业,遵循教育规律和学生身心特点,精耕细作,静待花开。这就需要摈弃功利,以爱为根,以人为本,坚守教育之本然,倾听生命的拔节之声。

其次,要抓住根本。《论语》有云:君子务本,本立而道生。一件事物,只有抓住根本,遵循原则,才能理清次序,顺势发展。本不立则道不生,道不生则术不显。教育的本质是为了人的发展,唤醒生命自觉,遵循生命成长的原生路径,才能成为全面发展的人,具备聪明的脑、温暖的心、健康的体。如若偏离这一根本,则可能"误入藕花深处"。

第三,要守正创新。道可道,非恒道,教育之道并非一成不变,要有开放多元的办学视野,海纳百川,兼收并蓄,多动脑,勤实践,能创新,"敢探未发明之真理,敢入未开化之边疆",为学生多元绽放开设丰富多彩的课程文化。《中国教育现代化 2035》提出教育的愿景,为未来描绘蓝图,现在的小学生 2035 年正值走向社会,成为建设者和主力军,他们的素养、品质决定了未来我们国家的综合实力。面向 21 世纪竞争他们需要什么样的素质?《中国学生发展核心素养》为我们作了很好的诠释。我们要守正出新,培养学生创新的意识、批判的思维,与人沟通合作的能力,以适应未来的竞争。如同刘彭芝校长所说:"在教育全球化和中国改革开放的大趋势中,作为名校长,必须具备历史的眼光和世界的眼光。历史的眼光是知己,世界的眼光是知彼;历史的眼光发现经度,世界的眼光发现纬度。只有用历史的眼光和世界的眼光看教育,做到知彼知己、经纬交织,才能搞清楚世界教育和中国教育已经发展到了什么水平,从而明白自身所处的历史地位,也才能为学校的发展准确定位。"未来已来,机遇与挑战并存,国力的竞争归结为科技的竞争、人才的竞争,如果依然墨守成规,因循守旧,必将被世界发展潮流所抛弃。

总之,理念先进、信仰坚定、内涵丰富、文化传承、治校有术,是"天籁教育"的校长五项修炼,是教育家型校长的必备品质,是教育改革和发展的需要,是时代发展对教育管理者的召唤。教育乃国之重器,民族之光,沧海横流,方显英雄本色,浪遏飞舟,唯有扬帆奋进。

第八章　『天籁教育』的管理思维

　　追溯教育之本源，追问教育之初心。一所特色鲜明、内涵丰富的学校，必须具备理念先进、方法多元的管理，通过管理进行人文关怀，实施愿景激励，促进内在觉醒，创造和谐家园，做到以管理促效益，以管理促保障，以管理促发展。教育，是一种信仰，一种坚守，一种情怀。朝气蓬勃的学校，总是承载着山的坚韧，水的智慧，且行且歌，驶向幸福的彼岸。

"教育之道,博大而精深,不可一成不变而守之,当以正合,以奇胜,以正固本,以奇为策,奇正相应,以变应变。"一所特色鲜明、内涵丰富的学校,必须具备理念先进、方法多元的管理,通过管理进行人文关怀,实施愿景激励,促进内在觉醒,创造和谐家园,做到以管理促效益,以管理促保障,以管理促发展。本章从文化管理、梦想管理、微笑管理、情境管理四个方面阐述"天籁教育"的管理思维。

一、走向内在觉醒的文化管理

　　学校文化是全校师生所认同和遵循的共同的价值观,一旦形成,就会具有潜在的无形的感召力量,长久而深刻地影响着师生的行为、态度和价值观。教育必须根植于文化,才能保持恒久的生命力。文化管理是管理的最高层次,它通过学校文化的培育,来实现管理模式的更新。文化管理强调以人为本,其本质是以人的全面发展为目标,通过共同价值观的培育,在系统内部营造一种健康和谐的文化氛围,使全体成员的身心能够融入系统中,变被动管理为自我约束,在实现社会价值最大化的同时,实现个人价值的最大化。

　　翔宇教育集团总校长卢志文讲过一个故事:一位母亲送自己的儿子上学,那孩子腿上打着石膏。保安拦下了他们的三轮车,说什么也不让进。那位母亲非常生气,便和保安争吵起来。卢志文对保安说:"三轮车不得进校园,这个规定没有错,你严格执行这个规定也是应该的。不过,我想提醒你的是,你别忘了学校《员工宣言》第一条是怎么说的。"那小伙子立即领悟话中的意味,他让另一位同伴在门口继续值勤,自己背着那孩子往教室里走去。制度,把三轮车拦在校门外;文化,把孩子送到温暖的教室。

　　文化管理可以说是学校管理的必然之路,以精神文化凝聚人,以环境文化熏陶人,以制度文化激励人,以行动文化提升人。一所学校,要用文化管理成就自己的品牌。学生在校园文化中获得的人文素养将是伴随一生的财富,校园应对学生进行文化浸润,张扬个性。教师的教学境界乃至教学过程中的语言、表情、人格魅力都是校园文化的体现。桃李不言,下自成蹊,这是文化的力量。

近年来,我们不断尝试以校园文化建设作为切入点来实施文化管理,学校始终以"滨江融智 三声播远"为办学愿景,以"书声、歌声、笑声"为办学特色,秉承"遵循天性、守护天真、维护天成、追寻天籁"的管理文化,坚持依法治校,立德树人;坚持向管理要质量,让改革出成果;坚持以创新谋发展,凭特色创品牌;坚持用课程助发展,构建"五育并举"的"好声音"课程体系。学校以共同的价值观引领文化自觉和文化自省,把"激发每一个人的内在动力,促进每一个人的终身发展,奠定每一个人的幸福生活"作为学校文化管理的根本目的,真正实现个人与学校的共同发展。

(一) 遵循天性,打造少先队向善文化

1. "三声秀场"

学校一改以往由老师主导的国旗下讲话模式,让学校的升旗台成为孩子们展示自我的"三声秀场",秀场采用班级轮流展演的方式,为学生创造了一个良好的展示平台。每周一的升旗仪式上,各中队结合重要节日、纪念日及主题教育活动,引导队员们通过朗诵、唱歌、舞蹈、快板等生动活泼的方式,围绕主题,声情并茂地展示活动主旨,引导全体队员从小懂得追求真善美。

多才多艺多惊艳,升旗台上"三声才艺秀"一次次震撼着场下的每个孩子。一首首指尖流淌的醉人乐曲,流出无限的美好与憧憬;一次次的歌喉舒展,唱出了"天籁少年"向善向美的和谐;轻盈点点的舞步,伴着架子鼓发出的动感节奏,舞出"天籁少年"绚彩的童年;一幅幅散发着点点芬芳的水墨画,中国元素之魂点点入心,令人心潮澎湃……书声、笑声、歌声,以声绘锦,素雅有声。

2. "红领巾飘起来"

学校邀请《小火炬》知名编辑、《福清侨乡报》知名记者、福清电视台知名主持人到校开设讲座,培训技能,指导活动,不断提升红领巾电视台的品位和质量。目前,"红领巾电视台"已成为福清市广电局少儿频道"飘扬的红领巾"栏目首个协作单位,并且是福建省少先队队刊《小火炬》在福清市的首个记者站。

为进一步加强全体队员的思想道德建设,强化艺术素养,提高综合素质和艺术实践能力,为孩子提供一个健康、快乐、和谐的艺术活动平台,学校成立"红领巾艺术团"。以此为载体,打造校园文化品牌,提升校园文化品位。艺术团由合唱队、舞蹈队、小主持人班、民乐团、电声乐队、国画班、书法班等组成,植根于丰富的传统文化,将艺术教育与传统文化的传承与发展有机结合,有力地促进了未成年人的思想道德建设工作。

3. "走班大课堂"

每周星期五下午第二节,伴随着下课的铃声,三四年级学生,有序进入重组的"走班课堂"。插花、毛线编织、剪纸、十字绣、葫芦丝、民族舞、合唱等 56 门新颖的走班课程,引领着孩子们在动手动脑的环境中,体验学习的快乐,分享团体合作及成功的喜悦。"走班大课堂"为学生搭建了多角度、宽领域、多层面的素质发展平台,使不同兴趣爱好的学生得到了充分的发展,为学生终身发展奠定了坚实的基础,让"天籁少年"的生命旅程更加精彩。"走班大课堂"犹如课程体系中的一朵朵奇葩,绽放"三声"校园文化的缕缕馨香。

(二) 守护天真,打造主题活动多彩文化

1. 学会感恩,体验快乐

学校开展一系列感恩教育活动,将感恩教育和养成教育完美地融合在一起,提高学生的文明修养。邀请著名演讲家邹越老师走进校园,开展《让生命充满爱》大型德育教育主题演讲活动。开展"学会感恩　牵手快乐　享受多彩童年"系列主题教育活动:(1)感激父母养育之恩。通过"校园小孝星"评选,树立典型,在校园内外形成了互帮互助、尊老爱幼的和谐环境。(2)感念他人相助之情。各年级举行"学雷锋"系列活动,让"雷锋精神"在校园中永驻,开出鲜艳的文明之花。(3)感悟生活温暖之心。学校大队部连续四届举行"红领巾义买义卖"活动,将筹集到的"红领巾基金",与玉屏石井小学、南岭上岭小学、城头五龙小学开展"手拉手"活动,为这些农村薄弱校捐赠教育教学设备,为同一片蓝天下的同龄人送上温暖。(4)感谢自然赐予之爱。借助 3 月 12 日全民植树为契机,号召全校师生开展"拥抱春天　播种绿色"环保活动,带领队员开展美化净化校园环境等实践活动。一系列活动以小见大,细中求实,增强学生的社会责任感,提高学生的文明修养。

2. 健康同行,牵手快乐

学校以全省中小学生安全教育活动日为契机,举行一系列主题教育活动,邀请法治辅导员为全校师生做题为"走好一小步　安全一大步"的交通安全讲座。在福清市"蓝天救援队"的帮助下,学校举行师生紧急疏散演练,深入开展学生安全教育工作。

大队部组织队员走进"110"报警中心、走进警营、走进法院,开展法制教育,零距离的接触让孩子们更好地树立法制意识。

学校积极规范心理咨询室建设,改善心理健康教育工作的软、硬件环境,建立标准化的心理健康咨询室。加强学校心理健康教育队伍建设,聘请专业心理辅导人士来校开设"舒心吧",接受以学生个体或小组为对象的咨询。"舒心吧"由教师轮流负责,有固定的开放时间,注重学生心理健康的发展性教育和预防性教育,全方位地关注学生学习生活中的实际问题,并通过学科渗透、心理教育主题课、咨询访谈、开展趣味心理游戏比赛、教育辅导讲座、亲子乐园等途径,引导学生发现并体验成长的快乐,激发学生热爱生命,热爱生活的健康情感。

3. 修身养德,助人为乐

为推进少先队向善文化,学校设立"道德讲堂",有固定场所和统一标识,多次邀请关工委老同志、先进班主任、优秀教师走进讲堂,引导全体师生在参与中知荣明耻。学校邀请 2012 年"感动福建"道德模范黄贺乐走进"道德讲堂",讲述孝心与诚信的故事。学校老师多次受邀作为宣讲人参加各级"道德讲堂"活动,在福清市委文明办主办的首次"道德讲堂"中宣讲"2010 年感动福建十大人物"黎本宣孝老事迹。在福建师范大学"道德讲堂"总堂活动中宣讲"2012 年感动福建十大人物"黄贺乐诚信事迹,极大推动了学校"道德讲堂"工作。

4. 文明上网,健康娱乐

充分利用学校网络教室和数字青少年宫活动室,鼓励学生参加"文明小博客""我们的节日"等网络德育活动,同时健全健康上网的保障机制,面向未成年人开展公益性上网服务。有效运用微博、QQ 群等多种网络形式,常态化开展网络文明志愿服务活动,传播文明风尚。

(三) 维护天成,打造班集体民主文化

倾力创建民主、高雅、和谐的班级育人环境,让学生在愉悦的环境氛围中健康成长。各班在班级布置中设立"我们个个顶呱呱""优秀作品展示栏""队员风采展示栏""成长乐园"等栏目,创建整洁、富有教育意义的教室环境。各班结合学生个性特点、兴趣爱好,围绕班级创建主题,积极开展有利于培养学生良好的品质、发展学生个性特长、锻炼学生意志品质的各项活动。举行每月一次的"生日会"、书写比赛、诗歌朗诵、讲故事、劳动技能比赛、手抄报、画报制作与评比、班级才艺大赛及孩子们喜闻乐见的活动。系列活动为学生展示自我、发展自我、提高综合素养提供了广阔的舞台,使他们在成功的体验中更加奋发向上。

以常规落实为抓手,学校注重班级的"精细化"管理策略,持续推进常规评比强化周活动。大队部根据学生常规教育中易反复的行为,每周强化一个训练点,每个训练点都是一些极细微的日常行为,例如,放学后班级桌椅横竖一条线,离开位子就将椅子推到桌下,下课后书本笔盒整齐放桌角,集会时在教室中排好队伍,路队延伸到接送点后师生道别,等等。我们利用晨会时间向孩子们提出具体要求,抽选大队委、"文明小天使"定时检查、随机抽查、及时反馈,在反复的强化中规范学生的言行举止,卓有成效地推进养成教育。

同时,在班级中尝试"小事务长"制。鼓励学生为班级管理想办法、出点子,分设班级管理"小岗位",鼓励学生参与班级管理,岗位大到"常务班长""纪律委员",小到"班级美容师""园艺股长""环保天使""讲台美容师"等,为学生的自我管理搭建了舞台,培养了"天籁少年"积极向上的情感,实现了自我激励、自我追求的和谐统一。

(四)追寻天籁,打造"三声"育德灵动文化

一所学校,它的教育主体是孩子,孩子们的天性是率真、活泼、灵动的,我们的一切教育教学行为都应遵循这一特点。为此,学校精心打造"三声"德育,为孩子的快乐成长谱写华美华章。

第一声:读书声里是吾家——读书教育

闽越国宰辅翁承赞(祖籍福清)曾有诗云:过客不需凭问姓,读书声里是吾家。书声琅琅的滨江小学是师生的精神家园,我们基于推广阅读、激发兴趣、深耕文化的理念,深入开展"琅琅书声入课堂"活动。我们举行全校的经典诵读比赛:一、二年级开展讲故事比赛,三、四年级开展名家名篇经典诵读比赛,五、六年级要求更高,在经典美文的诵读中融音乐、舞蹈于一体,美轮美奂地展示经典的魅力。为鼓励每个家庭开展"亲子共读"活动,我们在各班评选"书香家庭",以此带动全校师生爱上阅读,推动书香校园的建设。诵读作品《母亲,我叫钓鱼岛》《归来吧,我的爱》《水调歌头》均获得福清市"读书月经典诵读比赛"小学组金奖。琅琅读书声成为校园"天籁之声",校园呈现一种浓郁的阅读氛围。

在"三声"校园文化的引领下,我们有福建省示范图书馆,有福建省第一家"耕读书屋",所有班级的图书角藏书都在三百册以上,越来越多的家长参与到"亲子阅读"活动中。我也经常跟孩子们在一起读书,每当聆听孩子们天籁般的读书声,感到无比的快慰。在福州市首届"书香飘 校园美"读书月活动中我们独揽两项大奖:学校"耕读书屋"获评"最具创意的阅读空间",我个人获得"福州市十大阅读推荐者"美誉。我们还承办了第十九届"福建省推普周"活动。学校在读书教育活动中取得显著成果,吸引了许多名家的眼光,孙绍振、曹文轩、陈章汉、沈石溪等著名作家陆续走进校园,跟孩子们进行面对面互动交流。

第二声:文明其精神,野蛮其体魄——阳光体育

运动是孩子的天性,运动场上回荡着爽朗的笑声。学校坚持开展阳光体育活动,跳绳、踢毽子、转呼啦圈,各种形式多样的趣味体育活动,就因遵循孩子们的天性而深受孩子们的喜爱。学校积极开展每天锻炼一小时活动,规定当天没有体育课的班级,上午早读课在操场上参加大课间的活动,各年段分项目分区域进行。在体育老师的引领下,科任老师带领孩子锻炼,让全校的师生都投身到运动中去,极大地调动了孩子们参与运动的热情,操场上回荡着孩子们自信爽朗的笑声。学校体育的整体水平迅速得到提升,连续三届斩获"福清市中小学生田径运动会"团体总分第一名,2014年学校被确认为"全国校园足球特色学校",2018年学校被确认为"全国校园篮球特色学校"。

宗鹤拳作为福建省非遗文化,在海峡两岸及海内外文化交流中享有盛誉。2013年,学校引进"福清市十大城市名片——宗鹤拳",学校成立宗鹤拳武术队,结合开展阳光体育运动,在全校推广宗鹤健身操,以武益智,以武益德,弘扬传统,推进"三声"文化的蓬勃发展。2014年10月28日,主题为"童心同梦 情牵两岸"的第三届融台青少年文化交流活动在学校举行。我校的"天籁美少年"表演了舞蹈、书画、手工、轮滑、滑板、器乐等才艺秀,充分展示了学校倾心打造"三声"校园文化的成果,四年级全体同学还向客人们展演了由福清宗鹤拳协会独创的宗鹤健身操,孩子们展示"天籁少年"的风采,一招一式都劲道十足,完全沉浸在习武健身的快乐中,赢得了来自海峡彼岸台湾同胞的高度称赞。宗鹤拳文化活动已成为融台两地文化交流的品牌项目,搭建起两岸青少年交往的桥梁。

第三声:歌声亮处是滨江——艺术教育

儿童的天性就是爱唱爱跳,童声天籁唱出纯洁童心。2014年7月的"梦之声·心

相连"第七届海峡两岸合唱节少儿专场上,滨江小学"天籁之声"合唱团先后演唱了法语歌曲《眺望你的路途》和校歌《初升的太阳》等歌曲,天籁般的童声让观众如痴如醉。2015年,参加福建省合唱协会举办的"音乐之友"演唱会,获得极高评价;2019年7月赴广东肇庆市参加第七届中国童声合唱节,获得铜奖。天籁之声绽放在各种舞台,悦耳歌声成为幸福童年的主旋律,滋润着学生的心田。

通过举办"校园文化艺术节""校园舞蹈大赛""校园十佳小歌手赛""班班有歌声""童心向党,手绘献礼""红领巾社团"等形式多样的艺术活动,让快乐的音符奏出最动听的乐章,让欢快的舞姿跃动起童真的梦想,让五彩的笔墨描绘出最美的憧憬。

二、注重愿景激励的梦想管理

詹姆斯·艾伦在《思考的人》中畅想到:梦想支撑了我们的这个世界,喜欢梦想的人给这个世界带来了福音。学校文化包含着学校全体成员的共同愿景、共同追求,梦想管理的关键在于点燃每一个人的激情与梦想。尤其对于滨江小学这所的年轻学校来说,以"滨江融智 三声播远"为愿景,点燃每一个教师的创业激情,共同创建"三声"文化校园,成就"天籁教师"的职业梦想。让每个生命感受温暖,让全体教师过上天籁般的教育生活,这是梦想管理的终极目标。

(一)激情创业点燃梦想

建造大厦前,必先绘制蓝图,就是要创设愿景。愿景是梦想,是奋斗目标,是人生的灯塔,它指引着人生的航向。一个没有愿景的人,就好像大海中失去航向的船,又宛如陆地上没有方向的车,只能在人生的旅途中徘徊,永远无法到达理想的彼岸。拿破仑小时候喜欢在沙地上玩战争的游戏,他把自己想象成驰骋疆场的将军;莱特兄弟想象着一定要制造出飞机,让人类在天空中自由飞翔;比尔·盖茨梦想着要让全世界的每个书桌上都有一台电脑……正是这些巨大的愿望,改变了这个世界,推动了科学、教育、文化、经济的发展,使人类社会一步步走向发达和文明。

2019年6月,根据福清市委市政府的决策部署,我校成为福清市集团化办学试点单位,在全市中小学中率先开展集团化办学模式的实践探索。我认为教育集团化办学主要目的有两个方面:第一,以"学校发展共同体"的方式扩大优质教育资源,创设更多的优质教育学位,满足广大百姓"上好学"的愿望;第二,通过集团内部合作交流,让广大教师群体达到更好的理解和交往,成就他们的专业梦想。因此我们提出"四个统一、五大行动"的集团化办学思路,"四个统一"即统一品牌、统一理念、统一干部管理、统一师资分配。"五大行动"即资源共享、质量共建、文化共生、教研共体、特色发展。我们以建设"滨江小学教育集团"为目标,以"天籁教育"为办学思想,以发展凝聚人心,以和谐规划校园,构建每一个教职员工普遍认同的发展愿景。经过一年的实践探索,试点校霞盛校区学校管理、办学质量得到社会认可,观溪校区建设稳步推进,集团化办学首战告捷。一批青年教师在实践中茁壮成长,成为各级教学骨干,在教坛上崭露头角;一批骨干教师在实践中脱颖而出,通过竞聘走上管理岗位,有了属于自己的人生舞台,梦想照亮了现实。全体教师因此充分认识到"滨江小学教育集团"的兴衰荣辱关系到自己的专业成长和人生梦想,从而自觉地将个体成长与集团发展融合一起,树立起主人翁的态度,发挥积极性和创造性,大兴学习研究之风,共探"天籁教育",共建"好声音"课程,憧憬美好愿景,奔向幸福未来。

(二)"学习型组织"助力梦想

学习是智慧的源泉,最富有生命力的组织必然是学习型组织。一所没有阅读的校园,必然是精神的荒漠;一所书香浸润的校园,才是师生的精神家园。的确,教师跟所有职业的人们一样,每天忙碌之外,还要做家务,还要教育自己的孩子,"两眼一抹黑,从早忙到黑"是当前许多老师教育生活的写照。因此大家都感慨:时间都去哪儿了?苏霍姆林斯基说:"时间啊!这是教师劳动中的一把利剑,它不仅伤害学校的工作,而且损及教师的家庭生活。"

如何节省时间呢?答案是——阅读。这似乎自相矛盾,然而正是如此。我们都知道要给学生一杯水,教师必须有一泉活水的道理,"问渠哪得清如许,为有源头活水来"。只有每天不间断地读书,潺潺小溪注入思想的大河,才能轻松驾驭课堂,闲庭信步,信手拈来。对于教师来说,素养的提升必然带来工作效率的提高,从而进入一种良性循环,这是"匠人"到"仁师"的必然途径,所以读书要成为教师日常生活不可或缺的一部分,成为教师的生活常态。晚清大臣曾国藩在战火纷飞的每天清晨都要坚持诵读,给幕僚讲学,最后不但赢得战争,还为国家培养许多杰出人才,被誉为"中兴名臣"。所以读书养气,修身养性,这种理念应该融入老师的教育生活之中,呈现在师生的生命成长里。

张学勇同志曾说："作为教师，要千方百计地沉下心来，读书，读书，再读书！不读书，你就会浮躁；不读书，你就会肤浅；不读书，你就容易变得非理性。一句话，不读书，你就会距离专业的本质越来越远。"人生要有追求，学历不是资历，关键要看努力。只有教师率先阅读，才能引领学生进入阅读乐园，结出智慧的果实，正所谓"行之苟有恒，久久自芬芳"。

我们努力创建学习型组织，营造学习和研究的氛围，让教师树立终身学习的思想。我们倡导把工作学习化、学习工作化、生活学习化、学习生活化，做到知——有选择地学习、悟——有发现地学习、用——有创造地学习。在这样的组织里，教师的知识水平和智慧水平也会变得更高。我们组织教师聆听讲座，举行沙龙，组织论坛，开展读书会，大家围绕所读所思所悟，畅所欲言，形成深度交流，碰撞了思想，催生了智慧。一份份感悟情真意切，一缕缕书香耐人回味。在今天的滨小校园里，阅读已成为全体教师的生活习惯，一种生命状态，充盈着教师心灵，滋润着精神生命。全体教师以书养气，以书润德，以书励志，以书长才，校园书香氤氲，飘溢龙江河畔，"过客不需凭问姓，读书声里是吾家"（翁承赞诗句）。而作为校长，最欣慰的事莫过于看着老师们学而忘忧、研而忘返的场景——人生一大乐事也！正如教育家型校长魏书生所言："潜心育人，校园可成净土；忘我工作，时时能在天堂。"

（三）"天籁教师"成就梦想

根据马斯洛的需求层次理论，人的物质方面的需要属于最基本层次，而精神层面的需求处于最高境界。我校努力满足各个层面的需要，精心打造"天籁教师"，成就专业梦想。

1. "天籁教师"多才多艺

子曰：君子不器（君子不应该只有某一方面的用处），我们提倡多一份特长，多一份获得幸福的能力。我们组织教师练习内家功夫宗鹤拳，强身健体，明心见性；我们组织教师创作校赋、校歌、校训，从而产生凝聚力；我们组织教师朗诵诗词，形成学校精神内涵，从而产生向心力。每次举办校园文化艺术节活动，我们从不落下教师群体，让老师们闪亮登场，一展风采，增强自信心，提升学校软实力。我们坚持认为：滨小教师应该阳光自信、才华横溢、多才多艺，方不负"天籁教师"之美誉。

2.“天籁教师”大爱无垠

一位学者曾说：教师要有悲悯情怀。作为一个知识传播者，传道、授业、解惑固然系职责所在，但我们更应该有仁爱之心，把工作当作修行，积德行善，止于至善。“天籁教育”倡导教师以大爱为学生开启心门，成为学生的“精神导师”“播火者”“灯塔”。我们希望学生有期许，首先我们自己要有期许；我们希望学生有梦想，首先我们自己要有梦想；我们希望学生有仁爱之心，首先我们自己要有大爱情怀。我们不应该为“教育”而教育，而要明白教育的真正使命在于：拯救灵魂，改变命运。

冰心说：“情在左，爱在右，走在生命的两旁，随时撒种，随时开花，将这一径长途点缀得花香弥漫，使得穿花拂叶的行人，踏着荆棘，不觉痛苦，有泪可挥，不觉悲凉！”——这就是“天籁教师”悲悯天下、泽被苍生的大爱情怀。

3.“天籁教师”常怀知足与感恩

“非宁静无以致远，非淡泊无以明志”，天籁是一种心灵澄澈，天籁是一种返璞归真。丰子恺说：“人的生活可分三层，一是物质生活，二是精神生活，三是灵魂生活。”教育事业是灵魂事业，我们倡导“扬三声文化，做天籁教师”，在师生心灵里点燃幸福的灯盏，让学校成为精神生命栖息之地。用崭新的理念，饱满的激情，引领全体师生去实践“天籁教育”，成就教育梦想。

若我们能调适心态，从容面对，相信教育的灵性，循着情感的溪流做好自己，成就别人，就是新一轮辉煌的开始。

三、秉持人文关怀的微笑管理

微笑管理是近年来流行于欧美企业的全新管理方法，是一种注重人文关怀的情感管理。一直以来，我们总是过于注重管理的程序化，而忽视了人的情感，殊不知学校是一个特殊的机构，它的对象是有思想、有情感、有灵魂的活生生的人。其实，微笑管理在中华传统文化中早已有之，其核心就是仁爱与和谐的思想，这种思想对学校管理有着十分重要的作用。《道德经》告诉我们，管理有四种境界：“太上，不知有之。其次，亲之誉之。其次，畏之。其下，侮之。”最好的管理者，是他很少发号施令，人民并没有感觉他的存在，但事业却成功了，老百姓说：“我们本来就是这样的”——这就是管理的最高境界。现实生活中，我们看到有的校长凡事亲力亲为，每天忙忙碌碌，疲于奔命,但是学校工作并不见起色。而有的校长每天在校园里四处逛逛,和老师聊聊天,看似闲情逸致,但是学校和谐稳定,各项工作有条不紊,这实际上是微笑管理产生了正效益。

(一) 刚柔并济,营造人文氛围

1. 在硬件上下功夫

学校整体建筑坐南朝东,地理位置极佳,南边的五马山脉,横亘绵延,其状犹如笔架,寓意莘莘学子学业蒸蒸日上。山下龙江河宛若娇龙,奔腾入海,寓意为"潮平两岸阔,风正一帆悬"。面向东方的弓字型大楼,象征海纳百川的胸怀。教学楼一层国学经典走廊《滨江赋》《孔子游春》等,引导学生亲近经典、感受经典。遍布各个楼层的师生艺术作品给学生以熏陶,既增添知识积累,又开阔了眼界,发挥隐性教育作用。各班级门口的墙壁上统一装饰精心选择的名言警句,让师生时时刻刻与文化相伴,与书籍为友。这些"会说话的墙壁",营造优美的教育生态,让师生在静态的校园文化中丰富思想,升华精神内涵。

我们努力改善办公环境,营造和谐温馨的工作环境:划拨资金让教师亲手布置他们喜欢的办公环境,营造属于自己的"小天地";为每个办公室配备电脑、打印机,方便他们备课与整理资料;设计相对独立的办公桌,使大家有自己的"私密空间";由企业家捐助统一着装,并为每位教师配备一台手提电脑;每年的教师节慰问红包……所有的努力,都竭力为教师创建一个和谐、愉悦的工作环境,让教师感受职业的尊严,从而舒心地工作,幸福地生活。

2. 在软件上下功夫

古人云:"泰山不让土壤,故能成其大;河海不择细流,故能就其深。""天籁教育"倡导学校的管理者,要以深邃的眼光,先进的理念,宽阔的胸怀,影响师生形成共识的价值观、群体意识、行为规范。我们大力倡导诚信宽容、沟通理解的人际关系,形成和谐相处的良好氛围。

我十分欣赏"孙权眼中无坏人"这句古训,我认为整个学校管理构架不是金字塔,而是同心圆。对教师,我努力做到一视同仁,只要真心和我一起为学校发展而努力者,皆为同道中人,我将让他们融入工作群体,在激情创业中获得成就感和幸福感。对干部,我努力做到以人为本,宽严相济,只扬长避短,不求全责备。行政班子在工作中求大同,存小异,在提倡谅解与宽容、促进公平与公正的和谐氛围中,获得效益的整体提升。管理者持心如衡,老师则理平气顺,气顺则融和,融和则事业可成。

3. 刚柔并济,成就方圆

人文的前提是规范,规范的保障是制度。我一方面围绕"刚"字,制定了一系列规章制度和评价考核条例,如《滨江小学教师工作考评细则》《滨江小学教师绩效考核办法》等,我们通过多种途径力求和老师们达成"制度第一"的共识,让制度成为每一位老师自觉的行为,让全体教职工按照秩序和规则主动热情地追求工作目标。另一方面,我力求体现"柔"字,古语云:"太刚易折,太柔则废",治校方略努力体现规章制度约束的刚性一面和温馨疏导、情感交流的柔性一面。用真心真意温暖人心、用宽广胸怀感化人心,用事业发展鼓舞人心,用目标激励凝聚人心。学校工会对全体教职工一直坚持"患病住院探望到位,新婚嫁娶恭贺到位,家庭矛盾调解到位,思想问题谈心到位,亲人丧事吊唁到位,特殊困难关爱到位……"这些人性化的管理措施,使广大教师产生了归属感,增添了主人感,激发了责任感,呈现令人欣慰的人文环境。

教育的至上境界是以文化人,"天籁教育"用文化规范行为、凝聚人心、促进学校发展。全校师生形成共同的价值追求和精神信仰,虽有制度约束,却又操作无痕,充满平等、关爱、互助,师生员工在共同的价值追求中能够体味到快乐、感受到人文关怀。

(二) 张弛有度,丰富精神生活

教师必须是道德高尚的人群,合格的老师首先应该是道德上的合格者,好老师首先应该是以德施教、以德立身的楷模。为此,学校经常举行以"我是一个好教师""帮助学生扣好人生第一粒扣子"为主题的师德演讲比赛,以树立教师正确的人生观和价值观,让老师追求"捧着一颗心来,不带半根草去"的奉献精神和"衣带渐宽终不悔,为伊消得人憔悴"的敬业精神,使学校的各项工作不断迈向新的台阶。

良好的心理素养是现代人健康必备条件,也是作为"天籁教师"不可缺少的前提条件。学校非常重视教师的心理健康管理,把教师心理健康作为学校工作的大事来抓。经常有计划、有组织举办心理健康讲座,为"二宝"妈妈开展生育保养讲座。学校每年组织教师到福州体检、防病治病。对教师在生活和工作上遇到的困惑,及时进行谈心,疏导心理压力。

积极开展活动,培养协作精神。著名企业策划家博比·克茨在《公司协作中的用人术》一书中指出:企业领导的责任不仅仅是考虑员工个人才能的,而应该根据每个员工个人才能的特点,加以融合起来并形成团结协作的力量。没有团结协作的个人才能,仅仅是局部效应。由此可见,重视团队精神培养对事业的成功起到不可低估的决定性作用。为此,学校工会根据需要举行了一系列的活动,例如,为了庆祝"三八"节,举行女教职工拔河比赛,一条粗绳,两队人马,一声哨响,齐心协力,力拔山兮,喊声震天,那场面让孩子们嗨翻了。组织教师参加"烹饪培训",让教职工们在紧张忙碌的工作之余,缓解工作压力,提高生活质量。举办年段之间的趣味体育运动会、包水饺比赛;校际之间的篮球比赛、乒乓球比赛;定期组织教师走出校园,走向广阔的天地,感受大自然的气息等一系列活动。这些活动不仅增添了节日气氛,丰富教师业余文化生活,而且融洽了人际关系,增进了同事之间的情感。让每位教师以更充沛的精力和饱满的热情全身心地投入工作中去,营造一个和谐幸福的"天籁教育"之场域!

(三) 关切需要,感受集体温暖

关切教师具体表现为尊重教师,关注教师的需求与价值。定期召开教代会,让教职工对学校发展规划、改革目标、管理方法、工作程序进行了全面、深入的了解,让教师愿说、敢说、乐说、建言献策、集思广益。同时通过家委会、年段组长会、新教师座谈会、学生代表座谈会等多种渠道倾听各种声音,"咨诹善道,察纳雅言"(诸葛亮语)。设置校内外公开栏把学校工作如师资培训、评优评先、职称评聘、年度考核等各方面情况向全校教职工全面公开,这样既提高工作的透明度,维护教职工的知情权,又增强了民主的意识,提高学校民主管理的水平。

在纷繁复杂的社会环境中,教师在工作与生活中,承受多重压力。我们努力帮助教师解决子女的入园问题,创办教师食堂解决教师的用餐问题,解除了后顾之忧,减轻教师的生活压力,营造了"家"的氛围;对于身怀六甲的女教师及遇到子女参加中考、高考的教职员工进行合理的工作安排,考勤时间的弹性管理等,目的在于对教师进行人文关怀,让老师们感受"家"的温暖。

美国麦迪·克劳德说:"如果有个人的生命被召唤去扫街,那么,你应当使他扫街,如同米开朗基罗作画、贝多芬作曲、莎士比亚写诗。"和谐文化,根在心灵,对于学校教师进行微笑管理,给予每位教师无微不至的人文关怀,让每位教师的心扎根在滨小,扎根在这方生命成长的沃土,共同追寻教育的"天籁"境界。

四、饱含温馨和谐的情境管理

情境管理是指我们在管理时,不能用一成不变的方法,而要随着情况和环境的变化而改变。新基础教育研究表明:班级建设是学生和老师在学校合作进行的,为促进学生社会性和个性健康主动发展而开展的学校实践活动。以"三声"校园文化理念为指导,以人文关怀的理念为依据,我们努力推进"温馨教室"建设,推行情境管理,塑造班级形象,彰显群体个性,追寻教育的"天籁"。

"温馨教室"是指一种含有自然质朴、民主和谐特点的适应师生发展的班级育人环境,目的是为促进学生健全人格的成长,陶冶性情,启迪智慧。它既包括安全舒适的硬环境,又包括平等和谐的软环境。幽雅、温馨的班级文化,能使班级呈现出积极进取、尊重关爱、真诚互信、宽松和谐的氛围,影响着学生个性品质的培养,心理素质的锻炼,道德习惯的形成、知识才能的增长,促进师生关系的民主、融洽、和谐,让学生的生命在充满温馨气息的教室里更加灿烂。

(一)"温馨教室"之关键元素——和谐幸福

1. 班级人际环境的关键元素:平等、公正、真诚、互助。力求达到的最佳状态是:沟通协调讲诚信,人际交往见真情。

2. 课堂教学环境的关键元素:勤勉、笃学、活跃、宽松。力求达到的最佳状态是:教风学风要严谨,求索创新入佳境。

3. 自身心理环境的关键元素:自信、自尊、平和、达观。力求达到的最佳状态是:自我意识能稳定,顺境逆境好心境。

4. 教室物质环境的关键元素:安全、舒心、美观、宜人。力求达到的最佳状态是:硬件设计讲人性,环境布置显温馨。

(二)"温馨教室"之创建理念——以人为本

"温馨教室",关注的是"人本"。关注人的心理需求、关注人的情感体验、关注人的心理健康和价值取向,归根结底就是激发学生的主观能动性和教师的积极主动性。

"温馨教室",讲究的是"和谐"。讲究师生关系的和谐,讲究生生关系的和谐,讲究师师关系的和谐,讲究教和学的和谐,讲究自身的和谐,人和宇宙的和谐。

"温馨教室",满足的是"合理需求"。满足师生的安全、生理、兴趣等生物性需求,满足师生交往、依恋、尊重等基本社会性需求,激发奉献、理想、成就、发展、贡献等高级社会性需求。

"温馨教室",重视的是师生在校园生活中的感受。重视教师在职业生涯中的获得感、成就感、幸福感,重视学生在学习过程中感受到的快乐体验,最终让师生体验生命的精彩。

"温馨教室",倡导的是社会主义的核心价值观。倡导以爱国主义为核心的民族精神,倡导以改革创新为核心的时代精神,倡导走中国特色社会主义道路的共同理想,营造积极向上的班级舆论氛围。

"温馨教室",建设的是一种文化。继承"和而不同"的民族优秀文化,建设温馨、和谐的班级文化和校园文化,以塑造师生的人格,推进社会主义和谐文化的建设。

(三)"温馨教室"之创建办法——以文化人

"温馨教室",不仅仅是指向教室硬环境建设,环境建设力求达到最佳状态:硬件设计讲究人性,环境布置彰显温馨,更注重其软环境建设。它注重和谐、互动的师生、生生关系,它坚持以人为本,体现师生、生生之间相互尊重、理解和支持。通过师生共同参与,推动和谐校园建设。

1. 温馨环境建设

恢弘大气的硬环境(物质层面):教室里的设施、设备安全、舒适、美观、宜人,环境整洁。清心雅韵的软环境(精神层面):树立与素质教育相一致的天籁教育理念,营造团结进取、奋发向上的教室环境文化、课堂氛围和班风、学风。

2. 温馨课堂创设

和谐灵动的温馨课堂是师生进行情感交流和形成良好教学氛围的基础,是和谐师生关系最直接的体现。要改变教师的教育行为,教师要从单一的知识传授者转变为引导者、辅导者、组织者。温馨课堂倡导"五多":多一些鼓励、赞美和赏识,让学生获取更多的自信和成功的体验;多一点关注,从关注"两头"转变为关注全体学生,让更多学生体验到被关注、被爱护的温暖与幸福；多一点尊重、沟通和合作，让更多学生体验到合作学习和自主学习的成功与快乐；多一点课堂文明礼仪，实现教与学的和谐；多一点民主管理，让学生感受平等，享有人性的尊严。

3. 温馨的师生、生生关系创设

建立温馨的班级人际关系，教师是关键。改善教师的教育理念和教育行为是营造温馨师生关系的重中之重。

（1）温馨的师生关系首先要了解学生、研究学生，这是教育的前提和条件；其次，关心学生的学习和生活，关注学生群体的新动向；再次，要畅通师生沟通的渠道，要善于做学生的挚友和导师，建立民主、平等的师生关系。

（2）良好的生生关系是温馨教室建设的重要内涵。良好的生生关系表现在：民主、合作、交流、团结、互助、竞争等。良好的生生关系有利于学生之间取长补短，把个人的聪明才智凝合成一股集体的合力，共同探究，解决问题；有利于学生之间遇到困难互相帮助，在学习探究中充分调动积极因素，发挥个人的内在潜能和智慧，在竞争中不断进步和健康成长。良好生生关系的思想基础是班级共同的奋斗目标、严明的纪律和健康的舆论，其实践途径是班级有意义的教育活动。

（四）"温馨教室"之成功经验——传递温暖

1. "温馨教室"环境篇——身临其境，温馨怡人

教室环境的布置对于促进学生的学习具有潜在的重要意义。"温馨教室"不仅是环境布置温馨，而且还得使学生和老师的心灵感到温馨。于是，我们主张环境布置趋于家庭化、动态化并富有儿童情趣，鼓励学生动脑思考，动手创作，赞美学习成果的物化世界，让每一个走近它的人倍感亲切温暖，增强每个学生对班级集体的向心力。

例如，"温馨教室"设计几个功能不同的区域：教育区域（布置社会主义核心价值观、学校的校风、学风标语、名言警句、行为规范守则等）；展示区域（学生学习成果展示、班级集体荣誉栏、滨江美少年风采栏、光荣榜、竞赛榜等）；记诵区域（近阶段课堂教学中需要加强记忆与背诵的知识、汉语拼音表、乘法口诀表、英语单词等）；班务区域（课程表、值日表、天气预报、各类常规评比记分表等）；新闻区域（黑板报、专栏文字、照片等）；文化区域（书法廊、涂鸦角、竞技场、表演屋、阅读吧等）。这些区域是开放的、互动的，同学们可利用课间十分钟、午休、大课间等活动时间，在不同区域开展画画、棋

类、阅读等各类有益活动。

2. "温馨教室"情感篇——和谐相处,亲如家人

所谓"情感走廊"是指学生座位安排的一种形式。座位后面的学生离老师比较远,在心理上常有一种受忽视的感觉,有些同学还因此导致了注意力不集中的不良习惯。"情感走廊"方案就是针对这种现象提出的,它改变原来的四组编座为"H"式,即靠门和靠窗的两组不变,中间的两组变为四个人一个横排,总共有四排,两个横排之间留一条过道,即为"情感走廊"。老师在讲课时可以在此与后排的同学近距离接触,从而在一定程度上缓解了"远离感"。

心灵沟通,创建"班级博客"。老师和学生们一起把教室的外延扩大了,在虚拟世界里又建造了一个"教室"、一个温馨的港湾,把我们的心拉得更近了。

师生和谐,共享"温馨学堂"。把学生当作一个真正独立的个体来尊重,与之进行平等地沟通和交流。在教学时我们不搞一言堂,提倡开放、民主,只要学生言之有理,只要学生思路正确都予以肯定和鼓励。

温馨日志,人文闪光。经过不断的探索与改进,目前我校"班级日志"的版面由学生参与设计,学校进行统筹,封面设计融入了中华传统文化元素,以五天为一个单元,页眉处加入了温馨话语如"温馨家园""无间你我""点滴话语""融融真情""成长足迹"等等;页面分为两大板块,分别供学生和教师使用。学生层面有:"心情记录""班级写真"和"我的心声";教师层面有:"班主任寄语"和"周末师说"。

3. "温馨教室"活动篇——生动活泼,丰富多彩

以丰富多彩的主题活动为载体,开展充满个性的班级文化活动,让班级成为学生成长的乐园。主题活动通过创设亲切、平等、宽松的课堂或户外活动氛围,促进全班学生充分交流,互相了解,建立友谊。创造积极向上的心理氛围,学生的个性、品质、兴趣、才能等得到充分展现,逐渐培养积极乐观的心态,改善学生的精神面貌。

各班充分挖掘并发挥家长资源,利用家长不同的职业特点开展颇具特色的温馨活动,例如,请在电视台当主持人的家长进班开展"朗读者"活动,请"越战老兵"爷爷进班当"故事爷爷"。家校形成合力,共同参与学生的健康成长管理。

结合传统节日,开展"温暖的冬至,温馨一家""棕香情浓端午节"等感受传统节日的文化活动,营造家的温馨;"生活达人秀",把镜头拉回学生日常生活中,提高生活自理能力,培养生活自理意识;"一起悦读吧"亲子读书交流会,形成多读书、好读书、读好

书的良好氛围;"剪爱""手工达人秀专场——手捧花的制作"等,引导学生体验共同创作的快乐,在动手实践过程中提高学生的动手能力与审美能力;"走进一都世外桃源""游灵石森林公园"等亲近大自然的社会实践活动,开拓视野,感受生活的多姿多彩,培养团队意识、合作精神,增强亲子情、同学情、师生情;"变废为宝""菁菁校园""亲子共制环保工艺",全面培养学生绿色生活习惯和消费观念,增强环保意识;开展拔河、象棋等体育活动,充分展示学生体育特长,发扬团队精神,增强凝聚力,培养学生集体荣誉感及勇于拼搏的奋斗精神;开展《为生命护航》安全教育,培养学生的自我保护意识,提高自护能力,激发热爱生命的情感。

4. "温馨教室"特色篇——创新思路,以艺暖心

"让班级成为温暖的家":我们在教室中,设七彩童年照片园地——每人一张童年的照片,在笑声中增加相互的了解与友情;开设学生书架——打造一个班级迷你图书馆,成为学生课余的一个集散地;写励志格言——请班中的书法能手写下如"志之所向、无坚不摧""群星闪耀、智慧永恒"等格言,提醒大家不要忘了自己的理想;做内容丰富的班级主页,不但有班级口号、班级精神等,还有同学们自己的优秀文章、漫画、flash作品、班级活动的介绍和留影,以及选登优秀的班级日志供所有同学分享。班级主页充分展现了班级全员的风采。

"新童谣伴我温馨童年":为了让温馨的情谊在校园的各个角落都可见,我们向老师倡导"严中有爱宽容大度,风趣幽默微笑待人,课间共乐打成一片,耐心倾听及时指导,视生如子无微不至,多才多艺良师益友,多些理解少些埋怨,关注全体经常鼓励"。我们向学生要求"友好团结互帮互助,文明礼仪身心健康,亲密无间合作愉快,安全活动帮助弱小,没有攀比没有歧视,积极竞争健康成长。"例如在实践中,我校的施晓兰老师发现学生上课挺"闷"的,下课了,他们也是躲得远远的,生怕被老师看见似的,老师和学生有距离,关系也不够亲密。老师上课简直像是在演独角戏一般,学生的成绩也不见起色。怎样才能让学生在课堂上树立自信?怎样才能让课堂中的气氛轻松活跃起来?怎样才能让师生的关系融洽起来?她试着让糖果走进了课堂,五彩缤纷的糖果让师生关系"甜"了起来。一位学生写了这样一首儿歌:"老师奖我一粒糖,又香又甜真好吃,同学个个进步啦,甜甜蜜蜜一个家。"

"温馨邮局——爱的传递"。这是一个爱的邮筒,曾经有300多位师生在这个邮筒中寄过信,曾经有一千多封信在这个邮筒中流通,在这个邮筒中传递着自己意愿的表

达,传递着温情和友谊,传递着理解和信任。经我们调查,在温馨邮局的信中有 28% 是交流情感的,有 35% 是提出意见的,有 13% 是互通信息的,有 14% 是表达祝福的,温馨邮局还受理了 75 张温馨点歌单和 57 件温馨服务,每一项服务都体现了一种相互关爱温馨和谐的校园氛围。

5. "温馨教室"经典感言——快乐温暖,沁人心扉

构建"温馨教室",不在于精致的环境建设,不在于宏伟的誓言,不在于惊天动地的举动,而在于师生之间、生生之间的温情关系。在彼此心情烦闷的时候,一句关心,一句问候,一句安慰,便是对"温馨教室"最好的注释。以下是孩子们的温馨感言:

老师用微笑面对我们,我们在微笑中学习,在微笑中生活。

我眼中的"温馨教室"是不论男女同学,也不论成绩好的同学,还是成绩不好的同学,都要和睦共处。成绩好的同学,则要帮助成绩不好的同学,让他(她)们的学习成绩能逐步地提高。同时教室卫生也要做好,让大家在一个干干净净的教室里像海绵吸水一样吸收更多的知识。

我觉得"温馨教室"的环境布置应该是同学们亲手制作和亲自参与布置,那样我们的教室才是我们自己的"家",这样的"家"才会更温馨,更和谐。

……

"温馨教室"的打造以"天籁教育"为理念,以孩子们的"梦中家园"为标准,追求"友情""家""温暖"的感觉。"温馨教室"注重良好氛围的营造,在潜移默化中实现师生共同的价值追求;"温馨教室"注重育人载体的拓展,以班级建设为基础,面向班级的所有学生和教师,了解、尊重、服务学生,提升教师师德与育德能力,促进"天籁教育"的深入实施。可以说,这是从教室入手开始的校园文化、学校文明及和谐校园建设的综合工程,它的视角是宽阔的,内涵是深邃的,影响是深远的。

追溯教育之本原,追问教育之初心,我认为:"三声"是土壤,能孕育生命、滋养精神;"三声"是根,是组织的基因和共同的精神家园;"天籁"是心,是理念、道德和价值取向;"天籁"是道,是道路、方向、使命、愿景和旗帜;"天籁"是风,是风气、氛围、生态、气场、风尚和习气;"天籁"是气,是精气神、士气、骨气、志气、勇气;"天籁"是力,是磁力、凝聚力、向心力、感染力,无时不在,无处不在;"天籁"是手,要去实践和行动;"天籁"是脸,是组织的标识和形象;"天籁"是"我",是个性、特立独行、与众不同。

教育,是一种信仰,一种坚守,一种情怀。朝气蓬勃的滨江小学,承载着山的坚韧,

水的智慧,在浓郁的"三声"文化氛围中,正意气风发地走上了"文化立校,特色发展"的内涵发展之路。我们期盼,滨江这艘崭新的教育航母在"天籁教育"思想的指引下,且行且歌,驶向幸福的彼岸。

后 记

教育乃国之重器,民生之根本,民族之未来,不可不察。校长使命在肩,任重道远,唯有不断探索,用科学的方法引领学校发展,方能成就师生,福泽一方。多年来,我孜孜以求寻找兴校发展之路,夙兴夜寐探索科学育人之道。

一路走来,有彷徨,有困惑,有激动,也有喜悦,秉持最初的教育梦想,始终执着于以更好的形式呈现学校文化,以灵动、丰盈的课程引领师生精神生命成长,初心不改,坚韧前行。感谢福建教育学院专家团队的培养,感谢上海市教育科学研究院杨四耕教授的提点,他们为我打开一扇窗,让我眺望远方希望的麦田,鼓舞我向着校长专业化的梦想执着前行。我还要感谢滨江小学教育集团亲爱的伙伴们,在这段文化苦旅中结伴而行,共探未竟。

苏霍姆林斯基说:校长的领导首先是办学思想的领导,其次才是行政的领导。我以为,这种办学思想绝不是固化、僵硬的,而是动态、发展的,呈波浪式前进和螺旋式上升的,唯如此,才符合事物发展以及人类认知规律。学校文化建设需要水滴石穿的坚韧,绳锯木断的毅力,且行且思,且思且行,不断打磨,才能臻于完善,使文化润泽校园,成就孩子们的美好人生,成就教师们的专业梦想,实现教育立德树人之神圣使命。

始生之物,其形必陋,拙陋文笔,羞见方家,恳请诸位斧正。

福清市滨江小学校长　李斌

2020 年 11 月 2 日

学校整体课程规划的七个关键	978 - 7 - 5760 - 0424 - 3	62.00	2021 年 3 月
课堂教学的 30 个微技术	978 - 7 - 5760 - 1043 - 5	52.00	2020 年 12 月
教学诠释学	978 - 7 - 5760 - 0394 - 9	42.00	2020 年 9 月
原点教学：提升区域育人质量的策略研究			
	978 - 7 - 5760 - 0212 - 6	56.00	2020 年 8 月

学校课程发展精品丛书

学科课程群与全经验学习	978 - 7 - 5760 - 0583 - 7	48.00	2021 年 1 月
育人目标与课程逻辑	978 - 7 - 5760 - 0640 - 7	52.00	2021 年 2 月
学科课程与深度学习	978 - 7 - 5760 - 0505 - 9	52.00	2021 年 2 月
学校课程的文化表情：百花园课程的学科指向与深度实施			
	978 - 7 - 5760 - 0677 - 3	38.00	2021 年 2 月
学校文化与课程变革	978 - 7 - 5760 - 0544 - 8	62.00	2021 年 2 月
语文天生重要：语文学科课程群设计	978 - 7 - 5760 - 0655 - 1	44.00	2021 年 2 月
五育并举的课程体系：致良知课程的旨趣与探索			
	978 - 7 - 5760 - 0692 - 6	48.00	2021 年 1 月
学科课程与育人质量	978 - 7 - 5760 - 0654 - 4	48.00	2021 年 1 月
在地文化与课程图谱	978 - 7 - 5760 - 0718 - 3	46.00	2021 年 2 月
中观课程设计与学科课程发展	978 - 7 - 5760 - 0624 - 7	36.00	2021 年 1 月
大教学：英语学科核心素养培育的课程模式			
	978 - 7 - 5760 - 0462 - 5	46.00	2021 年 1 月

特色学校聚焦丛书

不一样的生命，一样的精彩	978 - 7 - 5675 - 8675 - 8	34.00	2019 年 3 月

童味正醇:特色学校的文化图谱	978－7－5675－8944－5	39.00	2019 年 8 月
特色普通高中课程建设探索	978－7－5675－9574－3	34.00	2019 年 10 月
儿童是天生的探索者:360°科学启蒙教育			
	978－7－5675－9273－5	36.00	2020 年 2 月
做精神灿烂的教师:教师自我成长的 5 个密码			
	978－7－5760－0367－3	34.00	2020 年 7 月
让教育温暖而芬芳	978－7－5760－0537－0	36.00	2020 年 9 月
快乐教育与内涵生长	978－7－5760－0517－2	46.00	2020 年 12 月
故事教育与儿童发展	978－7－5760－0671－1	39.00	2021 年 1 月
美好教育:学校内涵发展的循证研究	978－7－5760－0866－1	34.00	2021 年 3 月
把美好种进儿童心田	978－7－5760－0535－6	36.00	2021 年 3 月
倾听生命的天籁:"天籁教育"的实践与探索			
	978－7－5760－1433－4	38.00	2021 年 9 月

跨学科课程丛书

大情境课程:主题设计与创意评价	978－7－5760－0210－2	44.00	2020 年 5 月
社会参与素养的培育模型与干预机制			
	978－7－5760－0211－9	36.00	2020 年 5 月
大概念课程:幼儿园特色主题活动设计			
	978－7－5760－0656－8	52.00	2020 年 8 月
项目学习:进入学科的课程智慧	978－7－5760－0578－3	38.00	2021 年 4 月

核心素养导向的课堂教学丛书

漾着诗性智慧的课堂教学	978－7－5675－9308－4	39.00	2019 年 7 月
转识成智的课堂教学:核心素养导向的历史教学			

	978 - 7 - 5760 - 0164 - 8	40.00	2020 年 5 月
学导式教学：学会学习的教学范式	978 - 7 - 5760 - 0278 - 2	42.00	2020 年 7 月
高阶思维教学的关键技术	978 - 7 - 5760 - 0526 - 4	42.00	2021 年 1 月
会呼吸的语文课：有氧语文的旨趣与实践			
	978 - 7 - 5760 - 1312 - 2	42.00	2021 年 5 月
高阶思维教学的核心指向	978 - 7 - 5760 - 1518 - 8	38.00	2021 年 7 月
磁性课堂：劳动技术课就这样上	978 - 7 - 5760 - 1528 - 7	42.00	2021 年 7 月
核心素养导向的作业设计	978 - 7 - 5760 - 1609 - 3	40.00	2021 年 8 月
语文，让精神更明亮	978 - 7 - 5760 - 1510 - 2	42.00	2021 年 9 月

特色课程建设丛书

教师，生长的课程	978 - 7 - 5760 - 0609 - 4	34.00	2020 年 12 月
学校课程发展的实践范式	978 - 7 - 5760 - 0717 - 6	46.00	2020 年 12 月
丰富学习经历：如歌式课程的愿景与深度			
	978 - 7 - 5760 - 0785 - 5	42.00	2020 年 12 月
学科课程群设计方法	978 - 7 - 5760 - 0579 - 0	44.00	2021 年 3 月
学校美育课程的立体建构：菁华园课程的逻辑与框架			
	978 - 7 - 5760 - 0610 - 0	36.00	2021 年 3 月
关键学习素养与学科课程设计	978 - 7 - 5760 - 1208 - 8	34.00	2021 年 4 月
学校课程设计：愿景建构与深度实施	978 - 7 - 5760 - 1429 - 7	52.00	2021 年 4 月
生长性课程：看见儿童生长的力量	978 - 7 - 5760 - 1430 - 3	52.00	2021 年 4 月
"慧阅读"课程：儿童视角	978 - 7 - 5760 - 1608 - 6	42.00	2021 年 6 月
诗意栖居的课程愿景：智慧岛课程的逻辑与深度			
	978 - 7 - 5760 - 1431 - 0	44.00	2021 年 7 月
每一个孩子都是最重要的人：Ⅴ-Ⅰ-Ｐ课程的内在意蕴与学科视角			
	978 - 7 - 5760 - 1826 - 4	54.00	2021 年 8 月